영적 분별을 살다

22
단단한 기독교

영적 분별을 살다

정재상

좋은씨앗

추천의 글

영성을 전공한 목회자로서의 역량이 유감없이 드러나는 책이다. 저자의 주된 관심은 목양하는 성도들을 보다 성숙한 길로 안내하는 데 있다. 마음뿐 아니라, 자신이 갈고닦은 학문을 수단으로 하여 구체적인 길을 제시해 주고자 하는 열망으로 가득하다. 흔히 영적 분별은 특별한 은사적 차원으로 여겨지기에, 각 개인이 일상의 다양한 문제와 환경에 직면할 때 그 안에 내재한 하나님의 뜻을 분별하려는 시도를 주저하기 쉽다. 이 책은 그러한 장벽을 허무는 데 한몫하고 있다. 첫째는 영성사적 측면에서 탁월한 영적 분별 규범으로 꼽히는 이냐시오의 분별 규범을 평신도의 눈높이에 맞추어 잘 정리해 주고 있다. 둘째는 실용적인 측면에서 성경의 이야기와 기독교 문헌과 성도들의 일상사의 예들을 제시하면서, 위의 규범을 쉽게 접근할 수 있도록 도와주고 있다. 성숙을 향해 날마다 나아가는 삶을 갈망하는 모든 그리스도인에게 적극 추천할 만한 책이다.

유해룡 장로회신학대학 영성학 명예교수, 『기도 체험과 영적 지도』 저자

분주함이 신분의 상징이 된 세상에서 우리는 수많은 정보를 접하며 산다. 명멸하는 정보들 사이를 서성이는 동안 사유의 능력은 줄어들고 영적 평안함도 사라지고 있다. 파편화된 시간 경험은 삶의 통전성을 무너뜨리고 우리가 지향해야 할 순례의 목표를 망각하게 만든다. GPS를 통해 길을 찾는 것처럼 믿음의 사람들은 하늘에 길을 물으며 산다. 물음에 대한 답은 명료하게 주어지지 않는다. 하나님의 언어를 인간이 다 이해할 수가 없기 때문이다. 하나님과 우리 사이에 끼어든 소음이 하나님의 음성을 삼켜버리기도 한다. 시대의 소음 속에 살면서도 하나님의 뜻을 분별해야 하는 것이 믿는 이들의 과제이다. 많은 이들이 자기의 욕망 혹은 거짓된 자아로부터 발화된 내적 음성이나 이미지를 하나님의 계시로 받아들인다. 이런 곤경에서 벗어나려면 영적인 분별력이 꼭 필요하다. 분별력은 저절로 자라지 않는다. 배워야 하고, 훈련해야 하고, 삶 속에서 적용해야 한다. 영성 신학자이면서 현장 목회자인 정재상 목사는 바

로 그런 목회적 필요에 응답하여 이 책을 썼다. 이냐시오 성인의 〈영신수련〉을 길잡이로 삼은 이 책은 하나님의 뜻을 어떻게 분별해야 하는지, 그것을 통해 영적인 성장을 이루려면 어떤 노력을 해야 하는지, 그런 영적 성장의 열매는 무엇인지 소상히 밝히고 있다. 영적인 혼돈이 지극한 한국 교회에 선물과도 같은 책이라 생각한다.

김기석 청파교회 원로 목사, 『고백의 언어들』 저자

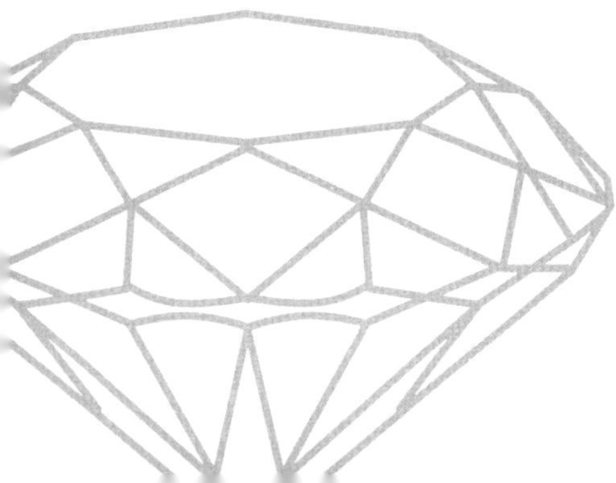

여는 글

왜 영적 분별을 해야 하는가?

현재의 내 모습은 지금까지 살아오면서 내린 선택과 결정들의 총합이라고 할 수 있습니다. 또한 앞으로 어떤 선택과 결정을 내리느냐에 따라 나의 미래 역시 달라질 것입니다. 사람들은 중대한 선택을 내려야 할 때, 자신보다 더 큰 존재를 의지하곤 합니다. 통계에 따르면 많은 사람들이 인생의 중대사를 결정할 때 철학관이나 점집을 찾는다고 합니다.[1] 안타깝게도 그리스도인 중에도 자녀의 입시나 결혼 등을 앞두고 역술인을 찾거나 궁합을 보는 경우가 적지 않습니다. 〈기독교사회문제연구원〉이 2023년 11월 전국의 만 19-34세 개신교인 남녀 1,000명을 대상으로 실시한 '기독청년 인식조사'에 따르면,

'점·사주·타로'를 접해 본 경험이 있다고 답한 비율은 45.4퍼센트에 달했습니다.[2] 저는 이러한 현실 앞에서 깊은 책임감을 느낍니다. 저 같은 목회자들이 영적 분별에 대해 제대로 안내해 드리지 못한 탓이라는 생각이 들기 때문입니다.

그렇다면 우리는 '왜' 영적 분별을 해야 하는 것일까요? 그 이유를 세 가지 정도로 나눌 수 있습니다. 첫째, 영적 분별을 하며 살아야 하는 이유는 하나님을 위한 영적 예배로서 우리를 산제물로 드려야 하기 때문입니다.

> 그러므로 형제들아 내가 하나님의 모든 자비하심으로 너희를 권하노니 너희 몸을 하나님이 기뻐하시는 거룩한 산제물로 드리라 이는 너희가 드릴 영적 예배니라(롬 12:1).

사도 바울은 하나님께서 예수님을 우리에게 주셨으므로, 우리도 우리 자신을 하나님께서 기뻐하시는 산제물로 드려야 한다고 말합니다. 그리고 그것이 하나님께 드려야 마땅한 영적 예배라고 선언합니다. 여기서 "영적"이라는 표현은, 헬라어 "로기코스(*logikos*)"로 '온당한', '이성적인', '합리적인'의 의미가 있습니다. 정리하면, 하나님께서 예수님을 우리에게 선물로 주셨으니 우리도 우리 자신을 하나님께 드리는 것이 이성적이고 합리적인 반응이라는 뜻입니다. 그렇다면 우리를 하나님께 드리는 합리적인 일을 어떻게 하면 될까요?

> 너희는 이 세대를 본받지 말고, 오직 마음을 새롭게 함으로 변화를 받아 하나님의 선하시고, 기뻐하시고, 온전하신 뜻이 무엇인지 분별하도록 하라(롬 12:2).

하나님의 구원이신 예수님을 선물로 받은 사람은, 그에 대한 온당한 반응으로 자신을 산제물로 드리기 위해 하나님의 뜻을 분별하고자 하는 삶을 살게 됩니다. 나를 하나님께 드린다는 것은, 곧 내 뜻대로가 아니라 하나님의 뜻대로 산다는 의미이기 때문입니다. 따라서 영적 분별은 나를 위한 것이기 이전에 내 삶의 주인이신 하나님을 위한 것입니다. 이렇듯 우리 자신을 산제물로 드리는, 하나님께 대한 헌신은 영적 분별의 중요한 전제가 됩니다.

둘째, 영적 분별을 하며 살아야 하는 이유는 이 세상에 거짓 선지자들과 사탄의 역사가 있기 때문입니다.

> 사랑하는 자들아 영들을 다 믿지 말고 오직 영들이 하나님께 속하였나 분별하라 많은 거짓 선지자가 세상에 나왔음이라(요

일 4:1).

이것은 이상한 일이 아니라 사탄도 자기를 광명의 천사로 가장 하나니(고후 11:14).

예수님께서 온 인류를 대속하시기 위해 십자가에서 죽으시고 부활하심으로 사탄은 결정적인 패배를 당했습니다. 그러나 예수님의 재림으로 하나님의 나라가 완성되기까지 사탄의 세력은 이 땅에 잔존하며 영향력을 행사하고 있습니다. 2차세계 대전을 경험한 신학자들은 이 사실을 다음과 같이 설명했습니다.

그 막강했던 나치가 노르망디 상륙작전에서 연합군에게 크게 패배했습니다. 이 날을 '결정적인 날(Decision day, D-Day)'이라고 부릅니다. 그러나 독일이 연합군에게 완전히 항복한 '승리의 날(Victory day)'이 오기까지는 그로부터 1년이라는 시간이 더 흘러야 했습니다. 그동안 곳곳에서 연합군과 독일군 사이의 잦은 충돌이 있었습니다.[3]

마찬가지로 우리는 주님이 다시 오시는 그날, 하나님의 나라가 완성되는 그날까지 성령님과 동행하면서도 이 땅에 잔존하는 악한 영들을 대적하며 살아야 합니다. 그렇기 때문에 영적 분별이 무엇보다 필요합니다.

그러나 지나치게 두려워할 필요는 없습니다. 우리가 영적 분별을 해야 하는 이유는 이 땅에 사탄의 역사가 있기 때문이기도 하지만, 동시에 우리가 영적 분별을 통해 사탄의 유혹을 이길 수 있기 때문입니다.

셋째로, 저명한 신약학자 루크 티모시 존슨(Luke Timothy Johnson)은 "우리가 궁극적인 실재를 인식하고 그에 반응하는 방식은 다른 모든 실재를 인식하고 반응하는 방식을 결정한다"고 했습니다.[4] 즉, 우리가 하나님을 바라보는 관점이 우리 자신과 이웃과 세계를 대하는 관점을 결정한다는 것입니다. 따라서 하나님의 뜻을 잘 분별하면 나 자신의 유익뿐 아니라 이웃과 세상에도 선한 영향력을 미치게 됩니다. 이것이 바로 우리가 영적 분별을 하며 살아야 하는 이유입니다.

그런데 만일 하나님께서 모든 것을 알아서 처리해 주시고 우리는 영적 분별을 할 필요가 없다면 어떻게 될까요? 하나님께서는 우리를 사랑하셔서 자유 의지를 주시고 선과 악을 분별하며 선택할 수 있도록 하셨습니다. 즉, 하나님은 우리가 단순히 기계처럼 정해진 대로 움직이기를 바라지 않으십니다. 사람이 사람일 수 있는 이유는 선택할 자유가 있기 때문입니다. 자유 의지는 단순히 원하는 것을 마음대로 하는 것이 아니라, 선과 악, 옳고 그름을 분별하고 책임 있는 결정을 내릴 수 있는 능력입니다. 이 능력을 통해 우리는 성장하고, 사랑을 실천하며, 삶 속에서 의미 있는 선택을 할 수 있게 됩니다. 따라서 영적 분별은 우리 존재의 핵심이자, 하나님과의 관계 속에서 참된 인간다움을 실현하는 도구라 할 수 있습니다.

영적 분별이란 무엇인가?

성경의 인물들은 하나님의 뜻을 분별하며 살았습니다. 모세는 지팡이와 자신의 손의 표징을 통해 하나님의 뜻을 분별했고(출 4:1-7), 기드온은 양털과 이슬로 하나님의 부르심을 분별하려 했습니다(삿 6:36-40). 예언서의 곳곳에는 참 선지자와 거짓 선지자가 등장하며 그들이 행한 예언의 기원이 선한 영인지 악한 영인지를 분별합니다. 사도 바울은 환상을 통해 성령께서 아시아가 아닌 마게도냐 지역으로 인도하심을 분별했고(행 16:6-10), 갈라디아서에서 성령을 따를 것을 권면하고 육체의 소욕에 대해 경계하면서 성령의 열매와 육체의 일을 통해 영적 분별을 했습니다(갈 5:16-24). 예루살렘 공의회는 영적 분별을 통해 이방인 선교의 문을 열었습니다(행 15장). 예수님께서는 공생애를 시작하실 때 사탄에게 시험을 받으시며 영적 분별을 하셨습니다(마 4:1-11). 예수님은 수난과 죽음을 거부하도록 하려는 유혹을 자신의 정체성에 반하는 것으로 분별하셨습니다. 주님의 영적 분별 기준인 자아부정, 자기포기, 수난과 죽음은 성부 하나님께 순종하려는 열망과 함께 형성된 영적 분별의 원칙이었습니다.[5]

이처럼 영적 분별이란, 단순한 선택이 아닌 하나님의 부르심과 그것에 반하는 것 사이를 구별함으로써 무엇이 하나님으로부터 온 것인지 추려내는 과정을 의미합니다.[6] 엘리자베스 리버트(Elizabeth Liebert)는 이를 보다 현대적으로 정의하는데, 영적 분별은 하나님이 어떻게 현존하시고, 활동하시며, 또 우리를 개인과 공동체로 부르시는지를 의도적으로 인식해 가는 과정입니다.[7]

영적 분별은 영의 분별과 뜻의 분별로 나누어 생각해 볼 수 있습니다. 영의 분별은 선한 영과 악한 영[8]을 구별하여 선택하는 것이고, 뜻의 분별은 하나님께서 원하시는 뜻을 찾아 결정하는 것이며[9] 두 가지는 서로 연결되어 있습니다. 우리가 선한 영을 따라갈 때 하나님께서 원하시는 뜻에 다다를 수 있기 때문입니다.

이강학 교수는 1907년 평양 대부흥운동 이후 한국 교회가 영적 분별을 위해 사용해 온 방법으로 목회자와 상담하기, 예언의 은사자들을 만나 예언을 듣고 분별하기, 성경을 읽고 마음의 감동으로 분별하기, 삶에 일어나는 일을 기준으로 분별하기 같은 네 가지였다고 분석합니다.[10] 하지만 이러한 경향에 휩쓸린 결과 영적 분별이 특정 목회자나 은사자의 전유물처럼 여겨지고 과도하게 특정인에게 의존하게 되거나, 그와 반대로 개인적이고 주관적인 방식으로만 치우쳐 부작용이 발생하곤 했습니다. 이제는 달라져야 합니다. 무엇보다, 영적 분별이 은사의 영역에만 국한되어선 안 됩니다. 모든 그리스도인이 영성 훈련을 통해 성장해 가면서 영적 분별을 배우고 연습하며 향상시킬 때가 되었습니다.

그러기 위해서는 기독교 영성사에 등장하는 자료들과 영적 분별의 규칙을 참고하는 것이 바람직합니다. 저는 이 책에서 은사적 차원에서 영적 분별을 다루기 보다는 모든 그리스도인이 영적으로 성숙해 가는 과정에서 영적 분별의 삶으로 부름받고 있음을 전제로 하는 로욜라 이냐시오의 〈영신수련〉을 중심으로 영적 분별에 대해 안내하고자 합니다.[11]

• 나눔을 위한 질문 •

1. 영적 분별을 하고자 하는 나의 동기에 성경이 말씀하는 영적 분별의 전제인 하나님께 대한 헌신이 있습니까?

2. 영적 분별은 왜 하나님을 위한 것이 됩니까? 나 자신만을 위해 영적 분별을 한다면 어떤 문제가 일어날까요?

3. 영적 분별을 통해 자신뿐만 아니라 이웃과 세상에 선한 영향력을 미칠 수 있다는 점은 나에게 어떤 도전을 줍니까?

한 걸음 더 들어가기 1

왜 영신수련인가?

영적 분별은 고대에서 현대에 이르기까지 2천 년 교회의 역사에서 수많은 영성가들에 의해 실천되어 왔습니다. 고대 시대에 오리겐(Origen)은 선한 영과 악한 영의 활동을 구별하는 영적 분별의 원리를 제시했고,[12] 존 카시안(John Cassian)은 영적 분별이 하나님께서 은총과 덕을 베푸신 결과로 주어지는 선물이라고 말했습니다.[13] 그런가 하면 요한 클리마쿠스(John Climacus)는 그의 저서 『거룩한 등정의 사다리』에서 26개의 층계를 소개하면서 초보자, 진보자, 완전자의 단계별로 영적 분별을 어떻게 해야 하는지 안내했습니다.[14] 중세 시대의 성 버나드(Bernard of Clairvax)는 설교를 통해 수도자들에게 영적 분별을 가르쳤고, 토마스 아퀴나스(Thomas Aquinas)는 사탄이 빛의 천사로 가장할 때 이를 구별하기 위해 영적 분별이 필요하다고 했습니다. 그 밖에도 아빌라의 데레사, 십자가의 요한, 장 칼뱅, 근대의 조나단 에드워즈에 이르기까지 거의 모든 영성가들과 신학자들이 영적 분별이라는 주제를 다루었습니다. 그 가운데 현대를 사는 그리스도인들에게 영적 분별 훈련의 가장 탁월한 지침서 중 하나로 평가받는 매뉴얼은 로욜라의 이냐시오(Ignatius of Loyola, 1491-1556)가 집필한 〈영신수련〉(*Spiritual Exercise*)[15]입니다. 〈영신수련〉이 기독교 역사 속 많은 영성가들에게 각광을 받아온 이유는 기독교 영성 전통에서 내려오는 다양한 분별 규칙을 총망라하여 체계화했기 때문이며, 동시에 이러한 원칙들을 현대인의 영성 생활에 적용할 수 있게 함으로 구체적인 변화를 이끌어내기 때문입니다.[16]

로욜라의 이냐시오

예수회의 창립자이자 〈영신수련〉의 저자인 로욜라의 이냐시오는 바스크 귀족 가문 출신으로 스페인 국왕을 섬기는 군인이었습니다. 1521년 전투에서 중상을 입은 그는 오랜 기간 침상에 누워 회복하는 동안 경건 서적인 작센의 루돌프의 『그리스도의 생애』와 야곱 보라지네의 『성인들의 꽃』을 읽고 회심합니다. 이냐시오는 기사들의 모험담을 읽을 때는 흥미진진했지만 막상 읽고 나면 메마름과 불만족을 느꼈습니다. 반면, 예루살렘까지 맨발로 걸으며 검소한 채식을 했던 성인들의 삶을 읽고 난 후에는 오랜 시간 위안과 만족감을 경험했습니다. 이러한 독서를 통해 그는 자신을 동요시키는 영들의 차이를 깨닫기 시작했으며, 이것이 그의 영적 분별의 출발점이 되었습니다.[17] 회심 이후 그의 생애는 하나의 긴 분별의 여정이 됩니다.

이냐시오는 전형적인 중세인이었지만, 동시에 근대로 넘어가는 시대의 사람이라는 점에서 독특합니다. 중세인의 관점에서 하나님의 뜻은 인생의 기초이자 객관적인 것으로 여겨졌고, 사람들은 자신의 뜻을 하나님의 뜻에 일치시키는 것을 목표로 삼았습니다. 반면 이냐시오는 하나님께서 나에게 뜻하신 바가 있을 뿐만 아니라 구체적으로 그 뜻을 계시하실 수 있다고 보았습니다. 이는 그가 여러 차례 환시를 체험하며, 그 속에서 하나님께서 자신에게 개인적이고 구체적인 뜻을 보여주신 경험 때문이었습니다. 개개인을 향한 하나님의 뜻은 필연적으로 영적 분별이라는 주제를 동반하게 됩니다. 이러한 패러다임을 반영한 〈영신수련〉은 영적 분별에 있어 중요한 저작으로 자리잡게 되었습니다. 〈영신수련〉은 이냐시오가 20여 년에 걸쳐 자신의 경험과 다른 사람들의 영적 체험에서 하나님의 뜻을 추구한 결과물일 뿐만 아니라, 5백 년 넘게 기독교 영성사에서 검증된 고전이기도 합니다.

1장 이성과 상상력으로 영적 분별하기

억울한 사탄

신학대학원 시절, 좋지 않은 일이 생길 때마다 걸핏하면 '사탄의 역사'라고 탓하던 학생이 있었습니다. 그때 영성학을 가르치시던 교수님이 이렇게 농담을 하셨습니다. "우리 학교 사탄은 정말 억울하겠다. 지각하거나 수업 시간에 졸아도, 시험 성적이 안 좋아도 전부 사탄의 역사라고만 하니, 사탄은 '그건 내가 한 게 아니야'라며 얼마나 억울해 하겠니?" 우리는 사탄의 역사에 민감할 필요가 있지만, 동시에 세 가지 유의해야 할 점도 있습니다.

첫째, 소위 사탄의 역사에 민감하다고 하는 사람일수록 역설적으로 사탄의 영향력을 인정하게 된다는 사실입니다. 이에 대해 C. S. 루이스는 "사탄, 사탄! 귀신, 귀신!"을 외치는 사람일수록 오히려 사탄의 속임수에 빠질 수 있다고 경고했습니다.

둘째, 사탄의 역사를 지나치게 강조하는 것은, 상대적으로 이미 우리에게 임한 하나님의 나라와 통치를 불완전한 것으로 간주하는 일이 될 수 있습니다. 이 같은 태도는 복음에 대한 신뢰를 약화시키고, 하나님 나라의 구원의 감격과 확신을 누리는 대신 사탄과 귀신을 두려워하며 살아가게 합니다.[17] 그러나 예수 그리스도께서 이미 승리하셨고, 사탄은 철저히 패배했으므로 우리는 사탄의 역사에 민감하되 두려움에 사로잡힐 필요가 없습니다.

셋째, 모든 부정적인 사건과 사고를 사탄의 역사로만 돌리는 것은 위험합니다. 이는 자칫 그리스도인으로서 마땅히 지녀야 할 자기 자신에 대한 책임을 망각하게 만들 수 있기 때문입니다. 모든 그리스도인은 하나님의 진리의 말씀에 순종하겠나는 주체적인 결단을 통해 하나님 나라를 확장해 나갈 의무와 책임이 있습니다. 결론적으로 영적 분별의 초점은 사탄의 활동을 두려워하거나 집착하는 것이 아니라, 우리를 인도하시는 성령님의 역사에 집중하는 데 있어야 합니다.

영적 분별의 세 가지 차원

영적 분별에는 하나님의 차원, 악한 영의 차원, 우리 자신의 차원, 이렇게 세 영역이 있습니다. 흥미롭게도 이 가운데 가장 큰 비중을 차지하는 것은 우리 자신의 차원입니다. 영적 분별이 실제로 일어나는 자리가 바로 우리의 자아이기 때문입니다.

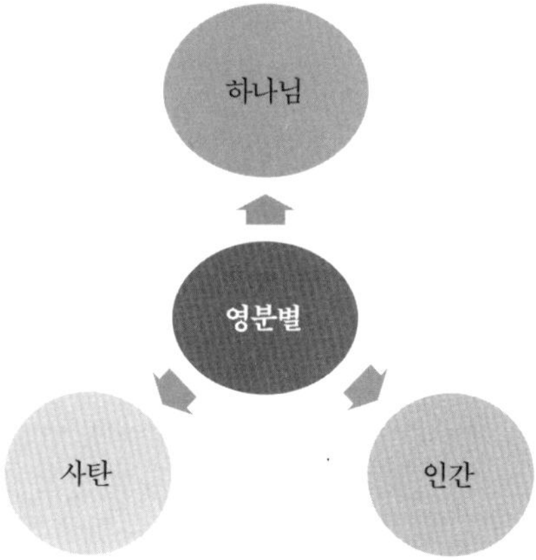

악한 영들은 우리를 시험하고 미혹할 뿐, 직접적으로 역사하여 해를 끼치지는 못합니다. 그들이 억지로 우리의 입을 벌려 누군가를 험담하게 하거나, 우리가 올바른 길을 가려 할 때 강제로 발걸음을 돌려 나쁜 길로 끌고가는 일은 없습니다. 가령, 산에 갔다가 탐스럽고 예쁜 버섯을 발견했다고 합시다. 처음에는 그냥 지나치려다가 아까운 마음이 들어 따서 집에 가져와 먹었는데, 그만 탈이 나고 말았습니다. 알고 보니 독버섯이었던 것입니다. 그렇다고 독버섯을 탓할 수 있을까요? 독버섯이 "나를 좀 먹어달라"고 따라온 것도 아니고, 스스로 따서 먹은 것은 바로 나 자신입니다. 마찬가지로 악한 영의 역할은 어디까지나 미혹하는 데 있을 뿐이며, 그 유혹에 넘어갈지 말지는 결국 우리 자신의 선택입니다.

아내와 함께 마트에서 장을 볼 때도 비슷한 경험을 한 적이 있습니다. 어떤 날은 필요한 것만 알뜰하게 구입했지만, 또 어떤 날은 필요 이상으로 식료품을 담아올 때가 있었습니다. 되돌아보니, 배가 고픈 상태에서는 먹음직스러운 음식이 눈에 띄는 대로 장바구니에 담았던 반면, 식사를 하고 배가 부른 상태에서는 필요한 것만 골라 담았다는 것을 깨달았습니다. 그 이후로는 항상 식사를 마친 후에 장을 보거나, 배가 고프면 간단하게 요기를 한 뒤 식료품을 구매하여 훨씬 알뜰하게 장을 볼 수 있었습니다.

이처럼 영적 분별도 분별하는 사람의 내적 상태가 매우 중요합니다. 그래서 청교도들은 자신의 영적 상태를 점검하기 위해 매일 일기를 쓰며 자신을 돌아보았다고 합니다.

영적 분별의 세 가지 시기

영적 분별은 우리의 내면 한복판에서 이루어지는 작업입니다. 성 이냐시오는 〈영신수련〉에서 영적 분별이 필요한 인간의 상태를 세 가지 시기로 구분했습니다.[19] 첫 번째 시기는 예수님의 제자들처럼 직접 부르심을 받는 때입니다. 우리의 영혼이 열정을 가지고 하나님을 위해 헌신하고자 할 때에는 별도의 분별 과정 없이 그 부르심에 응답하면 됩니다. 실제로 예수님께서 제자들을 부르시고 파송하셨을 때(마 10:1, 막 6:7-13, 눅 9:1-6) 그들은 즉각 순종으로 응답했습니다.

두 번째 시기는 우리의 내면에서 영적 위안(spiritual consolation)이나 영적 황량(spiritual desolation)을 경험하는 때입니다. 이 시기에는 그 체험과 관련있는 영들의 움직임을 분별해야 합니다. 이 부분은 이냐시오의 영적 분별의 핵심으로, 이 책의 3장과 4장에서 자세히 다루고자 합니다.

세 번째 시기는 심리적, 정서적으로 평온한(calm) 상태에 있어 영들의 움직임을 감지하기 어려운 때입니다. 이런 경우에는 성령의 도우심을 의지하되 이성과 상상력을 사용하여 분별할 수 있습니다. 이번 장에서는 이 세 번째 시기에 영적 분별을 어떻게 수행할 수 있는지 살펴보겠습니다.

이성과 상상력으로 분별하기

우리가 심리적으로 평온하여 영들의 움직임을 감지하기 어려울 때에는, 다음과 같은 상황을 상상하고 이성적으로 분별해 볼 수 있습니다.

첫째, 나와 비슷한 처지에 있는 사람이 찾아와 조언을 구한다면, 나는 그에게 무엇이라고 말해 줄지를 상상해 보는 것입니다.[20] 장기나 바둑을 둘 때, 승부에 몰입해 있는 사람에게는 수가 잘 보이지 않지만, 옆에서 훈수를 두는 사람에게는 수가 보이는 것과 같습니다. 훈수를 두는 사람은 승부에 집착하지 않고 한 걸음 물러서서 전체를 바라보기 때문입니다. 마찬가지로, 우리도 제3자의 입장에서 어떻게 해야 하는지 상상해 본다면, 보다 나은 선택을 할 가능성이 높습니다.

둘째, 지금이 인생의 마지막 순간이라고 상상해 보는 것입니다. 죽음을 앞둔 자리에서 과연 내가 지금과 같은 선택을 할 수 있을지 묻는 것입니다.[21] 저는 청년 시절 수련회에서 모의 장례식을 체험한 적이 있습니다. 관 속에 누워 죽었다고 상상하니 문득 지나온 세월이 떠올랐습니다. 누군가를 사랑하고 섬긴 기억은 마음을 평온하게 했지만, 미워하고 갈등했던 일들은 후회가 되었습니다. 중요한 선택을 앞두고 있을 때, 마치 죽음을 앞둔 시점으로 가서 인생을 되돌아보듯 분별해 보는 것은 도움이 됩니다.

셋째, 최후의 심판 날 하나님 앞에 선 자신의 모습을 상상해 보는 것입니다. 심판대 앞에서 "이것이 참으로 잘한 선택이었다"고 하나님께 칭찬을 받을 수 있을지 되묻는 것입니다. 이러한 관점에서 분별한다면 하나님을 기쁘시게 하는 선택으로 가까이 다가갈 수 있을 것입니다.[22]

심리적으로 평온하여 영들의 움직임을 감지하기 어려울 때, 그럼에도 선택을 내려야 하는 순간이라면 이와 같은 세 가지 방법으로 상상하고 이성적으로 분별해 보십시오. 하나님을 기쁘시게 하는 결정을 내리는 데 큰 도움이 됩니다.

신학대학원 1학년 시절 인천 송도에 있는 작은 개척 교회로 첫 사역을 나갔을 때의 일입니다. 사역을 시작한 지 1년이 채 안 되었을 무렵, 서울에 있는 어느 유명 교회의 담임 목사님으로부터 연락이 왔습니다. 자신이 시무하는 교회로 와서 사역을 해보면 어떻겠느냐는 제안이었습니다. 저는 위의 세 가지 기준으로 영적 분별을 시도했습니다.

첫째, 만일 친구가 이 같은 제안을 받았다면, 나는 뭐라고 조언할지 상상해 보았습니다. "서울의 유명한 교회로 가려는 사람은 많겠지만, 지방의 개척 교회에서 일하겠다고 할 사람은 적다. 더구나 부임한 지 1년도 안 됐는데 일손이 많이 필요한 교회를 버리고 서울로 간다면, 그리스도의 종으로서 합당한 결정이 아니다." 제 판단은 그랬습니다.

둘째, 만일 내가 죽음을 앞두고 있다면, 지금 내 선택을 기뻐할 수 있을까? 서울의 유명 교회로 가는 것과 개척 교회에 남는 것 중 어떤 선택이 최종적으로 후회가 없을지를 이성적으로 판단해 보았습니다.

셋째, 이 땅의 삶을 마치고 주님의 심판대 앞에서 살아생전 모든 결정에 대해 심판을 받을 때, 과연 나는 이 선택에 대해 하나님의 칭찬을 받을 수 있을지를 상상해 보았습니다.

이와 같은 분별 과정을 거친 끝에, 저는 서울의 유명 교회의 제안을 정중히 거절하고 개척 교회에서 감사와 기쁨 속에 첫 사역을 이어갈 수 있었습니다.

이처럼 중요한 선택을 앞두고 이성과 상상력을 활용한 세 가지 분별 기준을 적용하는 것은 하나님의 뜻을 확인하는 데 유익한 지침이 됩니다. 다만, 이러한 분별이 언제나 완전한 결과를 보장하는 것은 아닙니다. 영직 분별은 어느 한 순간 완료되는 것이 아니라, 영적 여정을 걸어가는 동안 주님과 동행하며 지속적으로 실천해야 하는 과정이기 때문입니다.

• 나눔을 위한 질문 •

1. 나는 사탄의 역사에 둔감한 편입니까, 민감한 편입니까? 왜 그렇다고 생각합니까?

2. 사탄의 역사에 민감할 때 주의해야 할 점 세 가지는 무엇입니까?

현재 내가 분별해야 할 사안은 무엇입니까? 이성과 상상력으로 분별하는 다음의 세 가지 방법을 사용하여 분별해 보십시오.

1. 현재 선택해야 할 일에 대해 제3자의 입장에서 생각해 보십시오. 나와 동일한 상황에 처한 사람에게 나는 무엇이라고 조언할 수 있습니까?

2. 죽음을 앞둔 순간을 상상하며 후회가 남지 않을 선택이 될지 상상해 보십시오.

3. 최후의 심판 날 하나님 앞에 선 자신의 모습을 상상하며 판단해 보십시오. 내가 분별한 결과에 대해 하나님께서 기뻐하실지 돌아보십시오.

2장 하나님과의 관계성으로 영적 분별하기

영적 분별의 전제는 하나님과의 관계다

예수님께서는 양은 목자의 음성을 알기 때문에 그 음성을 따라온다고 말씀하셨습니다(요 10:3-4). 즉, 목자와의 친밀한 관계가 바로 목자의 음성을 분별할 수 있는 전제라는 것입니다. 로욜라의 이냐시오도 〈영신수련〉 규범 1[23]에서 이 같은 사실을 언급한 바 있습니다. 다음에 나오는 표는 영적 분별이 하나님과의 관계를 전제로 하고 있음을 잘 보여줍니다.

	❶	❷	❸	❹
기준	하나님과의 관계	하나님과의 관계	하나님과의 관계	하나님과의 관계
사람	좋을 때	나쁠 때	좋을 때	나쁠 때
영	악한 영과 접촉하면	악한 영과 접촉하면	하나님과 접촉하면	하나님과 접촉하면
결과	불쾌함	좋음	좋음	나쁨

표① 하나님과의 관계가 좋을 때 - 악한 영과 접촉하면 - 불쾌함을 느낍니다.

예배와 말씀 묵상, 기도, 봉사 등으로 우리 자신을 하나님께 지속적으로 드리면 하나님과의 관계가 좋아집니다. 이러한 시기에 악한 영들이 다가와 유혹할 때 우리는 불쾌함을 느끼게 됩니다.[24] 예를 들어, 하나님과 친밀한 관계를 유지하고 있을 때 악한 영들이 우리 안에 교만한 마음을 불러일으키거나 동료 그리스도인들을 향한 시기와 질투를 부추긴다면, 우리 영혼은 불쾌함을 느끼고 그 유혹에 동조하고 싶지 않게 됩니다. 결국, 하나님과의 관계가 좋을 때 악한 영의 유혹을 받고 불쾌함을 느낀다면, 이는 우리가 영적으로 건강한 상태에 있음을 보여주는 신호입니다.

표② 하나님과의 관계가 좋지 않을 때 - 악한 영과 접촉하면 - 좋게 여겨집니다.

하나님과의 관계가 항상 좋을 수는 없습니다. 바쁘게 지내다 보면 예배를 놓치거나 말씀과 기도에 소홀해지는 때가 있습니다. 그로 인해 하나님과의 관계가 멀어진 시기에 악한 영이 다가와 우리 안에 근심, 걱정, 불안, 우울, 자기연민과 같은 부정적인 정서를 불러일으키는데, 오히려 우리는 그러한 유혹에 저항하기보다 쉽게 동의하고 받아들이게 됩니다.[25] 이는 마치 건강이 나빠지면 몸에 좋지 않은 인스턴트 음식이 더 맛있게 느껴지는 것과 비슷합니다. 하나님과 바른 관계에 있지 않으면서도 영적으로 안일하게 지낸다면 그것은 분명 문제가 있는 상태입니다.[26] 그러므로 어떤 영적 체험이 좋게 느껴진다 해도, 하나님과의 관계가 좋지 않은 시기라면 그것이 악한 영에게서 온 것은 아닌지 신중하게 점검해 보아야 합니다.

표③ 하나님과의 관계가 좋을 때 - 성령님과 접촉하면 - 기쁨과 평안을 느낍니다.

우리가 영적으로 가장 건강한 시기는 언제일까요? 하나님과의 관계가 좋고 그분이 베푸시는 은혜를 맛보는 때입니다.[27] 하나님과의 관계가 좋을 때는 설교 말씀이 달게 들리고, 성경 말씀에도 기꺼이 순종하고 싶은 마음이 생깁니다. 주일에 1부 예배를 드렸는데 2부 예배까지 드리고 싶어지는 마음, 혹은 성령 충만한 상태에서 하나님의 말씀을 더 읽고 싶어지는 열망에 가득차는 것이 그 예입니다. 이러한 상태에서는 나에게 잘못한 사람을 용서하는 것이 크게 어렵지 않으며, 깨어진 관계를 회복하기도 쉽습니다. 이웃과 세상에도 자연스럽게 선한 영향력을 끼치게 됩니다. 또한 이러한 영적 상태에서 내린 중요한 결정은 좋은 결과를 불러올 가능성이 큽니다.

표④ 하나님과의 관계가 좋지 않을 때 - 성령님을 만나면 - 불편함을 느낍니다.

그리스도인이 한 달만 예배를 드리지 않아도 비그리스도인과 같아진다는 말이 있습니다. 한 성도님은 잦은 출장 때문에 예배를 빠지거나 온라인으로 대체하곤 했습니다. 그러다 오랜만에 아내의 손에 이끌려 예배당에 나와 예배를 드리게 되었습니다. 그런데 이게 무슨 일입니까? 예배가 어색하고, 찬송은 부르기 싫고, 설교 말씀은 귀에 들어오지 않았습니다. 말씀은 자신을 제한하는 것처럼 느껴지고 순종하고 싶은 마음도 생기지 않았습니다. 이것은 하나님과 멀어진 시기에 하나님께서 가까이 다가오실 때, 우리 영혼이 양심의 가책을 느끼며 뒤로 물러나는 현상입니다.[28] 하나님께 속한 은혜가 임했음에도 마음이 불편하고 거부감이 든다면, 그것은 하나님과의 관계가 약해졌거나 멀어졌다는 신호입니다. 이런 시기에는 중요한 결정을 유보하는 것이 좋습니다.

영적 분별은 하나님과의 관계가 좋을 때 가장 잘 이루어집니다. 하나님과의 관계가 건강하면 악한 영의 유혹을 분별하고 대적할 수 있지만, 관계가 약해지면 유혹에 쉽게 빠져 어려움을 겪게 됩니다.

아우구스티누스는 사랑의 질서(*ordo amoris*)를 설명하기 위해 향유(*frui*)와 사용(*uti*)이라는 개념을 언급했습니다. 향유는 어떤 대상을 그 자체로 즐거워하는 것이고, 사용은 다른 목적을 위해 그 대상을 도구처럼 이용하는 것입니다. 영적 분별은 우리가 원하는 것을 얻기 위해 하나님을 이용하는 것이 아닙니다. 오히려 하나님을 그 자체로 향유할 때 참된 영적 분별이 가능해집니다.

하나님과의 관계가 좋다는 것

하나님과의 관계가 좋다는 것은 구체적으로 무엇을 의미할까요? 첫째, 예배와 말씀과 기도를 통해 하나님과 정기적으로 교제하는 시간을 갖고 있다면 하나님과 관계가 좋다고 말할 수 있습니다. 관계가 좋은 친구들의 공통점은 정기적으로 만나 함께 즐거운 시간을 보낸다는 점입니다. 몇 개월에 한 번 볼까 말까한 관계를 친밀한 관계라고 할 수는 없겠지요.

둘째, 하나님과의 관계가 좋다는 것은 마음이 나누어지지 않고 오직 하나님만을 의지하는 일편단심의 관계를 뜻합니다. 하나님을 의지한다고 하면서, 가끔 점을 보러 가고 물질을 더 의지하기도 한다면 하나님과의 관계가 좋다고 할 수 없습니다. 성경은 하나님도 의지하고 우상도 의지하는, 마치 양다리를 걸치듯 두 마음을 품은 사람들을 향해 마음을 정결하게 하라고 명령합니다. 반면 한 마음으로 하나님만을 의지할 때 우리는 하나님의 얼굴을 볼 수 있습니다. "마음이 깨끗한 사람은 복이 있다. 그들이 하나님을 볼 것이다"(마 5:8 새번역).

셋째, 하나님과의 관계는 이웃과의 관계와도 깊이 연결되어 있습니다. 베드로는 다음과 같이 신비로운 말을 했습니다. "남편이 된 이 여러분, 이와 같이 여러분도 아내가 여성으로서 자기보다 연약한 그릇임을 이해하고 함께 살아야 합니다. 그리고 생명의 은혜를 함께 상속받을 사람으로 알고 존중하십시오. 그리해야 여러분의 기도가 막히지 않을 것입니다"(벧전 3:7 새번역).

베드로는 아내를 존중하는 것과 기도가 막히지 않도록 하는 일(즉, 하나님과 좋은 관계를 유지하는 일)을 동일시하고 있습니다. 만일 내 주위에 있는 사람들이 나로 인해 지속적으로 크고 작은 상처를 받거나 어려움을 겪고 있다면, 나와 하나님과의 관계가 좋다고 말하기 어렵습니다. 기독교 영성은 하나님을 깊이 만나는 관상의 단계에 다다른 사람일수록, 이웃과 세상을 사랑하는 데에도 동일한 깊이가 드러난다는 사실을 알려줍니다.[29]

영국의 왕립조폐국(Royal Mint)에서는 직원들에게 진짜 화폐의 특징을 정밀하게 연구하게 한다고 합니다. 연구원들이 위조지폐를 발견했을 때 단번에 식별해 낼 수 있는 이유는, 가짜를 따로 연구해서가 아니라 언제나 '진짜'만을 꾸준히 관찰하고 익혀 왔기 때문입니다. 진짜를 깊이 알고 있으면, 조금이라도 어긋났을 때 즉시에 알아볼 수 있는 것입니다. 영적 분별도 마찬가지입니다. 악한 영의 속임수를 면밀히 파헤지는 것이 아니라 하나님과의 관계를 든든히 세우는 것이 참된 분별의 핵심입니다.

태도로 영적 분별하기

보통 영적 분별이라고 하면 나 자신이 아닌 외부의 다른 영적인 대상을 분별하는 것으로만 생각하기 쉽습니다. 하지만 자신의 영적 상태를 살피는 것 또한 분별의 중요한 부분입니다. A. W. 토저 목사님은 우리가 영적 체험을 했을 때 다음 다섯 가지 기준에 따라 스스로를 성찰하는 것이 영적 분별이라고 제시했습니다.[30]

첫째, '하나님에 대한 태도'입니다. 신비로운 영적 체험을 했을때 그 체험을 통해 내가 하나님을 더 사랑하고 전보다 더 놀라운 분으로 여기며 더 깊이 찬양하게 되었다면, 이는 우리가 위험한 길로 빠지지 않은 증거라고 분별할 수 있습니다. 그리스도인들이 흔히 범하는 실수는 하나님보다 하나님께서 주시는 영적 경험 자체를 더 사랑하는 것입니다. 하나님께로부터 말미암은 은혜라면 반드시 나 자신의 만족을 넘어 하나님께 영광을 돌리게 됩니다.

둘째, '예수 그리스도에 대한 태도'입니다. 하나님께서는 예수 그리스도께 하늘과 땅의 가장 높은 지위를 주셨습니다. 아무리 우리 마음에 들고 만족스러운 영적 체험일지라도, 그것을 통해 깨닫게 된 예수님에 대한 내용이 하나님께서 선포하신 진리에 미달한다면 그 체험은 하나님께로부터 온 것이 아닙니다. 반대로 새로운 체험을 통해 그리스도를 우리에게 없어서는 안 될 분으로 깨닫고 더 존귀한 분으로 여기게 된다면, 그것은 분명 하나님으로부터 온 것입니다. 실제로 많은 이단들이 예수님의 구원자 되심을 부인하고 그에 턱없이 미치지 못하는 교주를 메시아로 숭배합니다. 그러나 예수님을 우리의 그리스도로 고백하며 최고의 영광을 돌리도록 만들지 않는 영적 체험은 결코 하나님께로부터 말미암은 것이 아님을 분별할 수 있습니다.

셋째, '성경에 대한 태도'입니다. 만일 어떤 영적 체험으로 인해 성경에 대한 사랑이 식거나 영감된 말씀을 먹고 마시려는 열심이 조금이라도 줄어든다면, 이는 길을 잃었다는 신호입니다. 그때는 이를 즉시 인정하고 겸손히 참된 길로 돌아와야 합니다. 반면 새로운 체험이나 교리, 감정 등이 내 마음에 성경을 밤낮으로 묵상하고픈 강력한 갈망을 일으킨다면, 그 체험은 하나님께로부터 온 것이라 할 수 있습니다. 성령 충만한 그리스도인일수록 성경 말씀에 대한 사랑이 깊습니다. 어떤 신령한 체험을 했든 성경 말씀에 대한 사랑이 변함없다면, 우리는 하나님 안에 있다고 확신해도 좋습니다.

넷째, '삶에 대한 태도'입니다. 만일 어떤 영적 체험으로 인해 내가 교만해졌다고 느낀다면 즉시 무릎을 꿇고 회개해야 합니다. 그것은 우리가 원수에게 사로잡혔다는 증거이기 때문입니다. 하나님께로부터 온 영적 체험은 결코 우리의 자만심을 부추기지 않습니다. 우리 스스로를 높이도록 만들지 않습니다. 간혹 교회에서 40일 특별새벽기도회가 열리고 다양한 훈련 및 교육과정이 개설되었을 때, 부지런히 참여하고 자격을 갖출수록 겸손해지기보다 오히려 우월감에 사로잡히는 경우가 있습니다. 이러한 마음 역시 하나님께서 주신 것이 아니라 우리의 병든 자아나 악한 영에게서 비롯된 것이므로 단호히 배척해야 합니다. 반대로, 어떤 체험이 우리를 겸손하게 만든다면 그것은 하나님께로부터 온 것일 가능성이 큽니다.

다섯째, '동료 그리스도인들에 대한 관계와 태도'입니다. 때때로 열심 있는 그리스도인들이 놀라운 영적 체험을 한 뒤, 동료 그리스도인들을 함부로 대하고 자신만이 예수님의 합당한 제자요 진정한 그리스도인이라고 우쭐대는 경우가 있습니다. 그러나 동료 그리스도인들과 자신을 구분지으려는 태도는 하나님이 아니라 육체나 마귀에게 속한 것입니다. 참된 영적 체험은 하나님과 동료 그리스도인들을 향한 사랑을 증가시킵니다. 교회 생활을 오래 하다 보면 장로, 권사, 안수집사의 직분을 감당하거나 교구장, 권찰, 순장 등을 맡아 섬기게 됩니다. 이러한 섬김과 봉사를 통해서도 하나님께서 주시는 은혜를 체험할 수 있지만, 만일 그로 인해 교만해지고 초신자들을 무시하거나 소외시킨다면, 그 순간 우리는 악한 영들이나 육체의 정욕의 지배를 받는 것일 수 있습니다. 그럴 때는 반드시 영적 분별을 통해 스스로를 성찰해 보아야 합니다.

여러분은 최근에 어떤 영적 체험을 하셨습니까? 그 체험으로 인해 하나님과 예수 그리스도와 성경 말씀과 삶과 동료 그리스도인에 대해 어떤 태도를 갖게 되었습니까?

• 나눔을 위한 질문 •

1. 영적 분별에 있어 하나님과의 관계가 왜 중요합니까?

2. 하나님과의 관계를 개선하기 위해 내가 보완해야 할 점은 무엇입니까? (하나님과의 교제, 마음의 청결함, 이웃과의 관계 돌아보기)

3. 영적인 체험을 했을 때 나의 태도에 어떤 변화가 있었습니까?
(하나님, 예수 그리스도, 성경, 삶, 동료 그리스도인들에 대해)

• 영적 분별 실습 1 •

아래의 표를 활용하여 현재 나의 영적인 상태를 살피고 필요한 변화의 방안을 마련해 보십시오.

	❶	❷	❸	❹
기준	하나님과의 관계	하나님과의 관계	하나님과의 관계	하나님과의 관계
사람	좋을 때	나쁠 때	좋을 때	나쁠 때
영	악한 영과 접촉하면	악한 영과 접촉하면	하나님과 접촉하면	하나님과 접촉하면
결과	불쾌함	좋음	좋음	나쁨

1. 현재 나의 상태는 ① ② ③ ④ 중 어디에 가깝습니까?

2. ③의 영적 상태라면 중요한 선택을 내려도 좋습니다.

3. ②의 영적 상태에서는 중요한 결정을 유보하십시오.

3장 영적 황량의 시기에 영적 분별하기

영적 분별의 3가지 차원

영적 분별에는 하나님의 차원, 악한 영의 차원, 우리 자신의 차원, 이렇게 세 영역이 있다고 앞에서 언급했습니다. 하나님께서 우리에게 역사하시듯이, 악한 영도 우리에게 역사합니다. 따라서 올바른 영적 분별을 위해서는 이 세 영역에 대한 이해가 필수입니다. 즉, 하나님께서 우리에게 어떻게 역사하시는지, 악한 영은 우리에게 어떻게 역사하는지 알아야 하는 동시에, 우리 자신이 하나님과 악한 영의 역사에 어떻게 반응해야 하는지도 알아야 합니다. 문제는 성령님이나 악한 영이 우리에게 직접 그 모습을 드러내며 다가오지 않는다는 점입니다. 특히 사탄도 자기 정체를 감춘다고 성경은 증언합니다. "사탄도 자기를 광명의 천사도 가장하나니"(고후 4:11). 그렇다면 우리는 어떻게 하나님의 역사와 악한 영의 역사를 구별할 수 있을까요?

기도 중에 느끼는 감정과 떠오르는 생각은 단순히 우리 자신의 산물일 수 있지만, 하나님께서 주시는 것일 수도 있고, 악한 영들에 의한 것일 수도 있습니다. 이냐시오는 하나님께로부터 오는 정서를 "영적 위안"이라 부르고, 악한 영에게서 오는 정서를 "영적 황량"이라고 했습니다. 이냐시오가 제시하는 영적 분별의 원리는 명확합니다. 하나님께서 주시는 영적 위안은 받아들이고, 악한 영이 주는 영적 황량에 대해서는 저항하라는 것입니다. 그렇다면 구체적으로 영적 위안과 영적 황량이란 무엇일까요?

감정이란 무엇인가?

기독교 영성에서 감정은 매우 중요한 요소입니다. 감정은 우리 안에서 무엇이 일어나고 있는지를 가장 먼저 알려주는 신호이기 때문입니다. 슬픈 일이 생겼을 때, 눈물이 먼저 나고 그 뒤에 이성이 따라오면서 '왜 슬픈지'에 대한 이유를 헤아립니다. 이렇듯 감정이 이성보다 앞섭니다. 로버트 무어는 감정을 "정신 에너지이자 인지에 도달하게 하는 에너지"[31]라고 했습니다. 뿐만 아니라 감정은 거짓말을 하지 않습니다. 우리는 싫어하는 사람에게 겉으로는 친절하게 행동할 수 있지만, 마음속의 부정적인 감정까지 속일 수는 없습니다. 이처럼 감정은 인식의 일치를 통해 영을 육체에 연결하는 매개 역할을 합니다.[32] 그래서 영성학자들은 감정을 따라가다 보면 영혼의 상태를 알 수 있다고 말합니다.

감정은 영적 분별의 핵심 요소입니다. 여기서 말하는 감정이란, 단순 감정(emotion)이라기보다, 감정과 느낌을 일으키는 분위기나 정서를 의미합니다. 이는 영어의 'affection'에 가깝습니다. 실제로 조나단 에드워즈는 진정한 신앙은, 단순한 지적 동의나 행동이 아닌 '거룩한 정서'가 그 중심에 있음을 강조했습니다.[33] 우리가 스스로 "지금부터 기뻐해야지!" 한다고 기뻐지나요? 혹은 "잠시 슬퍼해야겠어" 결심한다고 슬퍼할 수 있습니까? 그렇지 않습니다. 이러한 이유로 영성학에서는 우리 안에서 일어나는 정서나 느낌, 감정, 충동 같은 것들은 우리가 만들어내는 것이 아니라, 하나님의 영 혹은 악한 영이 촉발시키는 것으로 봅니다. 그러므로 영적 분별을 위해서는 우리 내면에서 일어나는 감정과 느낌을 주의 깊게 살펴볼 줄 아는 능력이 매우 중요합니다.

영적 분별에 있어 기억해야 할 구호는 이것입니다. "당신의 머리를 사용하고, 당신의 느낌을 신뢰하라"입니다. 즉, 내 안에서 일어나는 감정과 느낌을 정직하게 인식하되, 그것을 검증하고 살피는 데 이성을 사용하라는 뜻입니다. 이냐시오는 우리의 영혼에 작용하는 정서를 두 가지로 구분했습니다. 바로 영적 위안과 영적 황량입니다.[34] 영적 위안은 다음 장에서 다루기로 하고, 먼저 영적 황량에 대해 살펴보겠습니다.

영적 황량이란 무엇인가?

영적 황량(Spiritual desolation)[35]이란, 우리의 영혼이 어둠과 혼란에 짓눌리는 상태를 말합니다. 영적 황량에 빠지면 마음의 동요와 유혹으로 인해 믿음과 소망과 사랑이 식어버리고, 게으름과 냉담함이 커지며, 기도나 영적 활동에 싫증을 느끼게 됩니다. 마치 하나님에게서 멀리 떨어진 것 같은 상태입니다.[36]

성경에서도 영적 황량을 겪은 인물을 찾아볼 수 있습니다. 욥은 하루아침에 자녀들과 전 재산을 잃고 악성 피부병까지 앓게 되자, 고통 속에 자신의 생일을 저주했습니다(욥기 3:1). 엘리야 역시 갈멜산에서 바알과 아세라 선지자 850명을 상대로 큰 승리를 거둔 직후 이세벨의 살해 위협을 받았을 때 광야로

도망하여 로뎀나무 아래서 하나님께 죽기를 간청했습니다(왕상 19:4). 이처럼 영적 황량에 빠진 사람은 현실을 비관하고, 부정적 사고에 사로잡히며, 낙담한 나머지 하나님께 버림받았다고 느끼고 삶을 비관하게 됩니다.

그럼에도 불구하고, 영적 황량에 빠진 것 자체가 죄는 아닙니다. 단지 악한 영들의 영향력에 노출된 상태일 뿐입니다. 중요한 것은 '그 상황에 어떻게 대처하느냐'입니다. 실제로 욥과 엘리야도 그 깊은 영적 황량에서 빠져나와 승리합니다.

영적 황량의 시기를 보내는 3가지 원리

그렇다면 이 힘들고 메마른 영적 황량의 시기에는 어떻게 영적 분별을 하며 보내야 할까요?

첫째, 만일 우리가 영적 황량의 시기에 들어섰다면, 이전의 좋은 상태(영적 위안의 시기)에서 내린 결정을 바꾸지 말아야 합니다. 또한 이 시기에는 중요한 선택이나 결정을 피하는 것이 지혜입니다.[37] 좋은 상태에서는 좋은 결정을 내릴 수 있지만, 화가 나거나 슬픔에 잠기는 등 감정적으로 무너진 상태에서 내린 결정은 대부분 부정적인 결과로 나타나기 때문입니다.

홧김에 직장을 그만두거나, 연인과 헤어지거나, 이혼을 결심하거나, 심지어 극단적인 선택을 하는 경우는 대부분 영적 황량의 상태에서 내린 결정일 가능성이 높습니다. 아일랜드 속담에 이런 말이 있습니다. "마음이 낙담되거든, 당장 무엇을 하려들지 말고 잠을 청하라. 하룻밤 푹 자고 나면 아침에는 별일 아님을 알게 되리라." 이는 매우 지혜로운 영적 대처법입니다.

영적 황량의 시기에는 그 전에 내린 결정을 변경하지 않고, 중요한 결정을 미루는 것만으로도 인생의 불행 중 90퍼센트를 막을 수 있다고 합니다.

둘째, 영적 황량의 시기에 들어섰을 때 우리가 취해야 하는 또 다른 원리는 이렇습니다. "악한 영이 우리 안에 일으키는 충동의 정반대로 하라."[38]

영적 황량의 시기에는 하나님께 버림받은 것처럼 느껴지고, 하나님을 기쁘시게 하는 모든 노력이 무의미해 보입니다. 예배에 빠지기 시작하고 기도 시간도 점점 줄어듭니다. 악한 영들은 기도하는 사람에게 처음에는 30분 하던 기도를 20분만 하도록 유혹하고, 다음 날에는 15분으로 줄이게 하며, 그 다음에는 10분, 다시 5분으로 조금씩 줄여 나가 결국에는 기도 자체를 하지 못하게 만듭니다.

그러나 영적 황량에 빠진 사람이 악한 영의 의도를 알아차리고 반대로 행동하여 평소에 30분 하던 기도를 1시간으로 늘

려버린다면, 악한 영은 자신의 공격이 실패했음을 알고 물러날 수밖에 없습니다. 혹시 지금 영적 황량의 시기를 보내고 있다는 느낌을 받습니까? 그렇다면 평소보다 말씀 읽기와 기도 시간을 두 배로 늘려 보십시오. 새벽예배에 나가고, 수련회에 참여해 보십시오. 영적 황량이 오히려 믿음이 깊어지고 아름답게 성장하는 계기가 될 것입니다.

셋째, 영적 황량의 시기에 들어섰을 때, 머지않아 영적 위안의 시기가 다시 찾아올 것임을 기억하는 것도 이를 잘 극복하는 효과적인 방법입니다.[39]

이상하게도 영적 황량의 시기에는 마치 이 어둠이 죽을 때까지 계속될 것 같은 느낌이 들곤 합니다. 사업은 점점 어려워질 것 같고, 성적은 오를 것 같지 않으며, 평생 짝을 만나지 못할 것만 같습니다. 그러나 밤이 지나면 아침이 오듯 영적 황량의 시기도 끝이 나고 곧 영적 위안의 시기가 찾아옵니다.

시편은 이렇게 선포합니다. "그의 노여움은 잠깐이요, 그의 은총은 평생이로다, 저녁에는 울음이 깃들지라도, 아침에는 기쁨이 오리로다"(시 30:5). 그러나 악한 영들은 우리를 속입니다. "그의 노여움은 평생이요, 그의 은총은 잠깐일 뿐이라." 그렇지 않습니다. 우리 인생에는 영적 황량의 시기만 있는 것이 아니라 영적 위안의 시기도 분명히 있습니다. 우리는 이 두 시기를 지혜롭게 보낼 수 있는 영분별의 훈련을 해나가면 됩니다.

더욱이 하나님께서는, 영적 황량의 시기에도 우리와 함께 계실 뿐만 아니라 어려움을 이길 힘을 남겨 두십니다. 낙심하여 주저앉거나 유혹에 빠졌을 때 우리는 간혹 이렇게 말하기도 합니다. "그땐 어쩔 수 없었어. 누구라도 그 상황에서는 실수했을 거야. 도저히 이겨낼 힘이 없었으니까." 그 말은 사실이 아닙니다. 하나님께서는 영적 황량의 시기에도 우리를 위해 충분한 은총을 베푸시기 때문입니다.[40]

욥의 결국이 그러했습니다. 욥이 마지막 순간까지 소망을 품을 수 있도록 하나님께서 은총을 베푸신 결과, 그는 귀로만 듣던 하나님을 눈으로 뵙게 되었고, 다시금 열 자녀를 얻고 이전보다 갑절이나 많은 재산을 얻게 되었습니다(욥 42:5-15). 영적 황량의 시기를 겪는 엘리야의 결국도 마찬가지입니다. 하나님께서는 천사를 보내셔서 엘리야에게 떡과 물을 먹이시고, 직접 찾아와 만나주셨으며, 다시금 사명을 부여하셨습니다(왕상 19:5-12). 마찬가지로 하나님께서는 영적 황량의 시기를 보내는 우리에게도 이길 힘을 남겨 두시고 다시금 영적 위안의 시기를 허락하실 것입니다.

악한 영들의 3가지 특징

악한 영들의 특징을 잘 알고 있으면 영적 황량의 시기를 보내는 데 적지 않은 도움이 됩니다. 이냐시오는 악한 영들에 대해 다음과 같이 세 가지 비유로 설명합니다.

첫째, 악한 영들은 '버릇없는 아이'와 같습니다. 버릇 없는 아이는 어떻게 행동합니까? 자기 욕망을 채우기 위해 떼를 쓰고 고집을 피우며 억지를 부립니다. 가령, 사탕이 먹고 싶으면 이렇게 요구하듯 합니다. "난 사탕 먹을래, 지금 당장!" 부모가 사탕을 주지 않으면 크게 난리를 칩니다. 떼를 쓰는 아이를 보다 못한 부모가 사탕을 주면 아이는 기세가 등등해집니다. 하지만 부모가 "안 돼!"라고 처음부터 단호하게 대응하면 아이는 언제 그랬냐는 듯 얌전해집니다.[41] 마찬가지로, 우리 안에 건전하지 못하고 이기적이며 비윤리적이기까지 한 욕망이 커질 때, 우리는 그러한 역동이 어디에서 왔는지 살필 필요가 있습니다. 만일 거기에 기가 눌려 끌려간다면 죄된 욕망은 버릇없는 아이처럼 기세등등해지겠지만, 단호하게 대처한다면 죄된 욕망의 기세가 꺾일 것입니다.

둘째, 이냐시오는 악한 영들을 '은밀하고 드러나지 않기를 바라는 연애사기꾼'에 비유합니다.[42] 악한 영들은 마치 착한 아내로 하여금 남편과 헤어지도록 유혹하는 사내와 같다는 것입니다. 그럴 때는 어떻게 대처해야 할까요? 그러한 거짓 유혹이 있다는 사실을 주위의 모든 사람에게 알리는 것입니다.

어느 목사님이 교구 식구들과 죄를 고백하는 시간을 가졌습니다. 놀랍게도 그 중에 어떤 집사님이 배우자 몰래 무려 8년 동안 다른 사람을 만나고 있었다는 사실을 고백했습니다. 더 놀라운 것은, 그 사실을 고백한 결과 그 불륜의 상대와 비로소 헤어질 수 있었다는 점입니다. 죄를 고백하면 죄는 힘을 잃어버립니다. 악한 영들은 우리 안에 부끄러운 죄를 계속 숨겨두게 하고, 그 죄의 힘이 점점 커지게 합니다. 그러나 하나님께 우리의 죄를 고백하면 그 죄는 힘을 잃게 됩니다.[43]

셋째, 악한 영들은 '군사령관'에 비유할 수 있습니다.[44] 유능한 군사령관은 대적의 취약점을 간파하고 이를 집중공략하는데 지략을 발휘합니다. 마찬가지로 악한 영들은 우리의 연약한 부분에 초점을 맞추고 강력한 유혹을 벌입니다. 가령 쉽게 교만해지는 성향을 가진 사람이 어떤 일을 계기로 사람들에게 칭찬을 받게 되었다고 합시다. 보통은 그러한 칭찬을 받고 그저 '자신이 좋은 일을 했구나' 하고 넘기면 되는데, 악한 영이 그를 가만두지 않습니다. "당신은 좋은 일을 한 정도가 아니라, 아주 거룩한 사람입니다" 하고 지나치게 추어올려 그로 하여금 자신이 남들과 다른 수준의 삶을 살고 있다는 교만함을 품게 만듭니다. 그것으로 끝나지 않습니다. 자기처럼 행동하지 못하는 사람들을 폄하하고 심지어 멸시하게 만듭니다. 그러므로 우리는 자신의 취약점이 무엇인지 알고 부지런히 경계함으로 악한 영들의 유혹에서 자신을 지켜낼 수 있습니다.

하나님께서는 왜 영적 황량의 시기를 허락하시는가?

1. 연단을 위해

C. S. 루이스의 『스크루테이프의 편지』는 경험 많고 노회한 고참 악마가 견습생인 조카 악마 웜우드에게 인간을 유혹하는 기술을 전수하는 내용을 담고 있습니다.[45] 다음은 삼촌 악마가 조카에게 들려주는 이야기입니다.

> 하나님이 인간의 영혼을 자기 것으로 확보하기 위해 꼭대기보다 골짜기에 더 의존하신다는 것을 알면 좀 놀랄 게다. 하나님이 특히 아끼시는 인간들은 그 누구보다 길고도 깊은 골짜기를 통과해야 했다. … 하나님은 실제로는 미약하게 드러낸 것인데도 인간들에겐 굉장해 보이는 임재, 달콤한 감정이 일어나면서 유혹을 쉽게 이길 수 있는 그런 임재를 경험하게 하신단 말이

지. 그러나 이런 상태가 오래 가진 않는다. 하나님은 얼마 지나지 않아서 그런 장려책들을 죄다 거두어들이시니까. 물론 실제로 거두어들이는 건 아니다. 인간들이 의식하는 경험의 수준에서 그렇게 느껴진다는 게지. 그리고 제 힘으로 서도록 내버려두신다. 감각적인 것들이 다 사라지고 하나님을 신뢰해야만 설 수 있는 상태, 그런 골짜기에 처박혀 있을 때 인간은 하나님이 원하시는 피조물로 자라가는 게야. 그렇게 메마른 상태에서 올리는 기도는 하나님을 가장 기쁘시게 한다. 인간 스스로 걷도록 가르치려면 붙잡고 있던 손을 놓아야지 별 수 있겠느냐? 세상을 아무리 둘러보아도 하나님의 흔적을 찾을 수 없고, 그분이 왜 자신을 버렸는지 이해할 수 없을 때에도 여전히 하나님을 선택한다면, 그때보다 더 우리가 위협 받는 때는 없다.[46]

영적 황량은 기본적으로 악한 영의 작용으로 겪게 되는 상황입니다. 그러나 신비롭게도 하나님께서도 영적 황량의 시기를 허락하실 때가 있습니다. 그 이유는 우리의 믿음을 단련하시려는 목적 때문입니다. 주님이 다시 오시는 그 날까지 비록 이 땅에 악한 영들이 잔존하더라도, 우리가 영적 분별을 하며 살아가는 한 그들의 존재는 우리의 믿음을 굳게 하는 데 쓰일 뿐 우리에게 큰 위협이 되지는 못합니다.

2. 모든 것이 은혜임을 깨닫게 하기 위해

영적 황량은, 하나님을 향한 믿음, 소망, 사랑이 충만한 영적 위안의 시기가 우리의 노력으로 얻어낼 수 있는 것이 아니라 오직 하나님이 허락하시는 은혜의 선물이라는 사실을 일깨워줍니다. 지독한 영적 황량의 시기를 보내던 욥은 자신이 누리던 자녀의 복과 재물의 복이 스스로의 능력으로 얻어낸 것이 아닌 하나님의 선물임을 깨달았습니다. 엘리야도 마찬가지입니다. 영적 황량의 시기를 보내면서, 그는 바알과 아세라 선지자들을 상대로 놀라운 승리를 거두며 사명을 감당할 수 있었던 것이 전적인 하나님의 은혜라는 사실을 깨달았습니다.

3. 영적으로 더 성장시키기 위해

영적 황량은, 영적으로 성장하고 있는 사람이 더 성숙해지고자 하는[47] 갈망과 열정이 있음에도 미처 채워지지 않을 때 겪게 되는 어려움이기도 합니다. 따라서 영적으로 퇴보하며 대충 살아가는 사람은 이러한 차원에서의 영적 황량을 경험하는 일은 없습니다. 역설적으로 영저 황량은 영적으로 성장해가는 사람이 경험할 수 있는 것입니다. 예를 들어, 기도실에 갔는데 기도는 잘 되지 않고 졸음까지 쏟아져, 기도는커녕 잠만 자다가 영적 황량을 느끼며 기도실을 나오게 될 수 있습니다.

그러나 그는 영적으로 성장하는 사람입니다. 어쨌든 기도하려고 노력했기 때문입니다. 탕자가 허랑방탕하며 모든 것을 잃은 뒤 아버지께 돌아가기로 결심했을 때, 그는 철저히 실패한 모습으로 영적 황량을 겪고 있었을 것입니다. 그러나 그 시점에 탕자는 아버지께로 돌이키는 결단을 내렸고 이는 곧 그가 영적 성장의 과정에 있음을 의미합니다. 만일 기도하려고 하지 않았다면 기도하다 졸 일도 없었을 것이고, 아버지께 돌아가려는 결단이 없었다면 회개의 열매 또한 불가능했을 것입니다.

4. 온전함을 갖추게 하기 위해

만일 우리의 삶에 영적 위안만 있다면 하나님을 향한 우리의 사랑은 연약하고 힘없는 것에 그치고 말았을 것입니다. 부부 관계를 생각해 봅시다. 남편과 아내 두 사람은 단순히 상대방의 좋은 점만 사랑하기로 한 것이 아닙니다. 삶이 좋은 때뿐만 아니라 힘들고 어려운 시기에도 서로에게 신실한 사랑을 지켜가기로 결단했습니다. 기쁠 때나 슬플 때나 변함없이 서로를 진정으로 사랑하고자 애쓰는 관계 속에서만 두 사람은 부부로서 온전함을 갖추게 될 것입니다. 혹시 지금 영적 황량의 시기를 지나고 있습니까? 이 시기를 통해 우리를 정결하고 성숙하게 하시는 주님을 깊이 만나는 은혜가 있기를 바랍니다.

• 나눔을 위한 질문 •

1. 지금 영적 황량의 시기를 보내고 있습니까? 어떻게 이 시기를 보내면 좋을지 고민해 보십시오. 지금은 아니지만 예전에 그러한 경험이 있다면 그 시기를 어떻게 보냈는지 돌아봅시다.

2. 하나님께서 지금 나에게 영적 황량의 시기를 허락하시는 이유는 무엇인지 생각해 보고 나누어 봅시다.

• 영적 분별 실습 3 •

만일 현재 영적 황량의 시기를 지나고 있다면 다음의 세 가지 원리를 적용해 보십시오.

1. 좋은 상태(영적 위안의 시기)에서 내린 결정을 바꾸지 말고, 영적으로 좋지 않은 상태(영적 황량의 시기)에서는 중요한 결정을 내리지 마십시오.

2. 악한 영들이 우리 안에 일으키는 충동과 정반대의 방향으로 행하십시오. (기도 시간 늘리기, 성경 말씀 더 많이 읽기, 새벽예배 드리기, 수련회 참석하기 등)

3. 머지않아 영적 위안의 시기가 찾아온다는 것을 기억하며 인내하십시오.

한 걸음 더 들어가기 2

영적 성숙도에 따라 유혹도 다르다

3장에서 영적 황량의 시기에 영적 분별을 하는 방법을 살펴본 데 이어, 4장에서는 영적 위안의 시기에 영적 분별을 하는 방법을 다룰 예정입니다. 영적 황량의 시기를 먼저 다루고 그 다음으로 영적 위안의 시기를 다루는 이유가 있습니다. 기독교 영성사에서는 전통적으로 인간이 하나님께 나아가는 영적 성장의 여정을 산 정상을 향해 올라가는 상승의 길에 비유하곤 했습니다. 그러나 누구도 단숨에 산 정상에 오를 수는 없습니다. 하나님께 가까이 나아가는 여정은 단계가 있으며, 구체적으로 정화, 조명, 연합이라는 세 단계를 거치게 됩니다.[48]

〈영신수련〉에서 영적 황량의 시기는 정화의 단계에 해당하고, 영적 위안의 시기는 조명의 단계에 해당합니다. 따라서 정화의 단계에서 영적으로 성장해 가는 사람들은 영적 황량의 시기를 대비한 영적 분별의 원리를 적용할 수 있고, 조명의 단계에서 성장해 가는 사람들은 영적 위안의 시기를 위한 분별

원리를 적용할 수 있습니다.[49]

그리스도인은 영적 성장의 여정 중 대체로 정화의 단계에서 7가지 대죄(교만, 분노, 시기, 나태, 탐욕, 탐색, 탐식) 같은 악덕과 싸웁니다. 조명의 단계에서는 미덕(향주삼덕: 믿음, 소망, 사랑/ 사추덕: 현명, 정의, 절제, 용기)을 키우고, 연합의 단계에서는 성령의 7가지 은총(지혜, 통찰, 지식, 식견, 공경, 용기, 경외)을 경험합니다.[50]

영적 황량의 시기에 있는 사람들은 쾌락과 고통에 근거하여 악한 영들에게 유혹을 받습니다. 3장에서 보았듯이 〈영신수련〉은 이 시기에 선한 영과 악한 영이 영적으로 성장해 가는 그리스도인에게 어떤 영향을 주는지, 죄로부터 자유로워지고 예수님을 더 닮아가려고 노력하는 사람들에게는 어떤 영향을 미치는지, 반대로 예수님에게서 멀어지는 사람들에게는 어떤 영향을 미치는지를 다룹니다.[51]

반면 영적 위안의 시기를 보내는 사람들은 더욱 성숙한 이들로, 악에 의해 유혹을 받기보다는 선의 출현 아래에서 유혹을 받게 됩니다. 말하자면, 악한 영은 선한 모습으로 위장하여 다가옵니다. 버클리(Michael Buckley)는 이 시기의 영적 분별 원리가, 보다 성숙하고 '삶의 목표가 본능적 만족이 아닌' 사람들을 위한 방향으로 제시되어 있다고 평가했습니다.[52] 〈영신수련〉도 이 시기의 영적 분별 원리를 다룰 때는 더 이상 영적 황량에 대해 언급하지 않습니다. 여기서 우리는 영적 성숙도에 따라 직면하는 유혹의 종류도 달라진다는 사실을 알 수 있습니다.

영적 성숙과 관련하여 유념해야 할 것은 각 단계가 칼로 두부를 자르듯 구분되는 것이 아니라는 점입니다. 오리겐은 영적 성숙의 단계가 영적 생활을 칸막이처럼 구분할 수 있는 단계가 아니라 반복되고 깊어지는 순환적 리듬이라고 했습니다.[53] 필립 쉘드레이크(Philip Sheldrake) 또한 정화, 조명, 연합이라는 영적 성숙의 단계가 영적 여정의 모든 지점에서 서로 다른 비율로 존재할 수 있다고 통찰했습니다.[54] 우리는 하나님의 은혜로 영적으로 성장하고 그 결과 성숙의 열매를 맺기도 하지만, 연약한 인간이기에 퇴보할 수도 있습니다. 그래서 영성가들은 영적 성장의 곡선을 나선형으로 보았습니다. 〈영신수련〉이 말하는 영적 황량과 영적 위안 역시 우리의 영적 여정의 과정에서 성장과 퇴보를 반복하며 지속적으로 경험하는 것입니다.

4장 영적 위안의 시기에 영적 분별하기

영적 분별의 3단계

영적 분별이란 단지 A를 선택하느냐, B를 선택하느냐 하는 단순한 양자택일 이상의, 보다 입체적이고 복합적인 작업입니다. 영적 분별을 위해서는 먼저 우리의 생각과 감정에 일어난 영적 체험이 무엇인지 '감지'해야 하고, 그다음 그 영향력이 하나님께로부터 온 것인지, 아니면 악한 영에게서 온 것인지를 '파악'해야 합니다. 마지막으로 그것이 하나님께로부터 온 것이라면 받아들이고, 악한 영에게서 온 것이라면 배척하는 '행동'을 취해야 합니다. 따라서 영적 분별을 위한 작업은 '감지', '파악', '행동' 이렇게 3단계로 구분됩니다.

영적 위안이란 무엇인가?

영적 위안이란, 우리의 영혼이 창조주 하나님께 대한 사랑으로 불타오르는 상태를 말합니다. 이 시기에 우리의 영혼은 모든 피조물을 온갖 좋은 선물을 베푸시는 하나님과 연결지어 바라보기 시작합니다. 마찬가지로 사람들을 향해서도 하나님의 사랑으로 대하게 됩니다. 믿음, 소망, 사랑이 자라나 하나님을 섬기는 기쁨이 우리 삶의 으뜸임을 알게 되며, 아버지의 집에 머무는 듯한 내적 평화가 임하는 시기입니다.[55]

영적 위안이 중요한 이유는 하나님께서 이 시기를 통해 그분의 뜻을 나타내시기 때문입니다. 영적 위안의 상태는 마치 하나님의 뜻이 잉태되는 자궁과도 같습니다. 반면 영적 황량의 시기에는 하나님의 뜻을 찾을 수 없습니다. 오직 영적 위안을 경험하는 동안에만 하나님의 뜻을 찾고 추구할 수 있습니다.

영적 위안의 종류

우리는 언제, 어디에서 위안을 얻습니까? 감동적인 영화를 보면서 위안을 얻기도 하고, 한 숨 푹 자고 일어나며 느끼는 위안이 있는가 하면, 맛있는 음식을 먹고 위안을 얻기도 합니다.

하지만 이러한 종류의 경험을 영적 위안이라고 말하지 않습니다. 따라서 영적이지 않은 위안을 경험하고, 그에 따라 마음이 움직인다고 하여 그것을 곧바로 하나님의 뜻으로 간주해서는 안 됩니다. 앞서 말했듯이, 영적 위안은 분명히 하나님과 관련된 경험에서 비롯된 것이어야 합니다.

영적 위안은 크게 '사전 원인이 없는 영적 위안'과 '사전 원인이 있는 위안' 두 가지로 나눌 수 있습니다. 그 중에서도 사전 원인이 없는 위안은, 100퍼센트 하나님께서 베푸시는 위안입니다.[56]

바울과 실라의 영적 위안

사도행전 16장에는 바울과 실라가 매를 많이 맞고 감옥에 갇히는 장면이 등장합니다. 심하게 매를 맞고 발에 쇠고랑까지 채워진 그 상황에서 위안을 기대할 이유는 전혀 없어 보입니다. 그러나 그 한밤중, 바울과 실라는 오히려 하나님을 찬양합니다. 이처럼 위안의 근거가 전혀 없는 상황에서 경험하는 위안이 바로 '사전 원인이 없는 영적 위안'이며, 100퍼센트 하나님께서 베푸시는 위안입니다.

이러한 위안이 임하는 경우에는 하나님께 대한 사랑이 불일 듯 일어나고, 사람들에 대한 사랑도 커집니다. 바울과 실라가 찬양할 때 하나님께서 큰 지진으로 감옥 문을 열어 주셨습니다. 간수는 죄수들이 탈출한 것으로 착각해 칼을 빼어 자결하려고 했습니다. 그때 바울이 소리를 질러 자신들이 여기 있음을 알립니다. 바울과 실라는 간수의 목숨을 살리고, 이 일을 계기로 복음을 전하여 그와 온 가족에게 구원을 선물합니다. 이처럼 하나님께서 주시는 영적 위안을 경험할 때, 우리는 하나님을 향한 사랑이 불일 듯 일어날 뿐만 아니라 사람들도 더 잘 사랑할 수 있게 됩니다.

원인이 있는 위안은 분별하라

다음으로, '사전 원인이 있는 위안'이 있습니다.[57] 우리는 예배를 드린 후 위로를 받을 수도 있고, 기도나 찬양을 하고 나서도 위로를 받을 수 있습니다. 이러한 경험은 모두 어떤 행위나 상황이라는 원인에 의해 주어지는, '원인이 있는 위안'입니다. 문제는 악한 영들도 거짓 위안을 줄 수 있다는 점입니다(요일 4:1). 그러므로 우리는 사전 원인이 있는 위안을 경험할 때, 그것이 하나님께서 주시는 참된 위안인지 아니면 악한 영이 주는 거짓 위안인지 분별할 수 있어야 합니다.

영적 위안의 종류			
	하나님이 주시는 위안		악한 영들이 주는 위안
비(非)영적 위안	원인이 없는 위안 (분별이 필요 없음)	원인이 있는 위안 (분별이 필요함)	
친구를 만나고 맛있는 음식을 먹고 한 숨 잘 자고 감동적인 영화를 보고 얻는 위안	100퍼센트 하나님이 주시는 위안은 하나님에 대한 신앙으로 얻으며 하나님과 사람들을 향한 사랑이 크게 일어난다	우리를 참된 생명으로 이끌어가는 위안 성경 말씀을 읽고 기도하고 찬양하고 봉사하고 얻는 위안	우리를 참된 생명으로 이끌어가지 못하는 위안 욕심, 정욕, 거짓 등 죄된 것으로 얻는 위안 거룩한 것들에 대한 열정이 사그라들게 한다

가말리엘의 영적 분별

사도행전 5장에는 초대 교회 사도들이 복음을 전하는 장면이 나옵니다. 복음을 전하는 사도들을 통해 기적과 놀라운 일들이 많이 일어나자 예수님을 믿는 사람들의 수가 점점 늘어났습니다. 이를 본 대제사장과 사두개파 사람들이 마음에 시기가 일어나서 사도들을 박해하고 심지어 죽이려고 할 때, 율법교사 가말리엘이 일어나 다음과 같이 영적 분별을 해줍니다.

이 사람들의 이 계획이나 활동이 사람에게서 난 것이면 망할 것이요, 하나님에게서 난 것이면 여러분은 그것을 없애 버릴 수 없소(행 5:38-39 새번역).

우리는 기도하다가 하나님의 음성을 들었다고 생각해 위안을 경험할 때가 있습니다. 그러나 과연 내가 진짜 하나님의 음성을 들은 것인지, 혹은 악한 영이 나를 속인 것인지, 그것도 아니면 내 자아의 음성을 하나님의 음성으로 착각하는 것은 아닌지 혼란스러울 때가 있습니다. 그럴 때는 가말리엘이 알려 준 영적 분별의 원리를 적용해 볼 수 있습니다. 만일 나의 생각을 하나님의 음성이라고 착각하거나 내가 스스로 만들어낸 위안일 경우 그것은 오래가지 못하고 곧 사그라듭니다. 내가 지어낸 하나님의 음성이라면 그것은 내 존재를 지탱할 힘도 갖지 못합니다. 반면 하나님께서 주신 음성이 맞고, 진정 하나님으로부터 오는 위안이라면 그 위로는 비교적 오래 지속되며 어려운 시기를 이겨낼 힘을 공급해 줍니다.

언젠가 기도원에 들어가 2박 3일간 기도한 적이 있습니다. 불투명한 저의 미래를 놓고 걱정과 근심이 가득하던 시기였습니다. 마침 시편 139편 16절을 묵상하고 있는데 그 말씀을 통해 하나님께서 큰 위안을 주시는 것을 체험했습니다. "내 형

질이 이루어지기 전에 주의 눈이 보셨으며 나를 위하여 정한 날이 하루가 되기 전에 주의 책에 다 기록이 되었나이다." 마치 하나님께서 이렇게 말씀해주시는 것 같았습니다. "너는 앞날에 대해 걱정이 많지만, 너에 대한 나의 계획은 네가 태어나기도 전에 이미 내 책에 다 기록해 두었단다." 그날 밤, 밀려오는 파도처럼 끊이지 않는 하나님의 위로가 마음 깊은 곳으로 계속 밀려드는 은혜를 체험했습니다. 문득 '혹시 이 위로가 내가 스스로 만들어낸 것은 아닐까' 하는 의심이 들기도 했습니다. 그러나 하루가 지나고 이틀이 지나고 수개월, 수년이 지나도 그때 받은 위로는 여전히 큰 힘이 되고 있습니다. 이처럼 하나님께서 주시는 위안은 시간이 흘러도 오래 지속되는 특징이 있습니다.

여호수아가 영적 분별에 실패한 이유

여호수아 9장에는 이전 장들(1-8장)에서는 찾아볼 수 없었던 생소한 표현이 등장합니다. "무리가 어떻게 할지를 여호와께 묻지를 아니하고"(수 9:14). 이 말씀은 여호수아에서 전체의 분위기와는 다소 어울리지 않는 것처럼 보입니다. 왜냐하면 이스라엘은 지금까지 중요한 모든 순간마다 하나님께 어떻게 해야 할지를 물어왔기 때문입니다. 그들은 요단강을 어떻게 건널지 하나님께 물었고, 여리고 성을 어떻게 점령해야 할지도 물었습니다. 또한 아이 성 전투에서 왜 패배했는지 그 원인을 하나님께 묻기도 했습니다. 그런데 이스라엘은 왜 갑자기 하나님께 묻는 것을 잊어버렸을까요?

그 이유는 당시 이스라엘의 정서적, 영적 상태와 밀접한 관련이 있습니다. 9장 1절의 "이 일 후에"라는 표현은, 3절이 암시하는 대로 여리고 성 전투(수 6장)와 아이 성 전투(수 8장)에서 승리를 거둔 이후를 가리킵니다. 이스라엘 백성들은 가나안 땅에 들어온 뒤로 계속되는 전투 속에서 지칠 대로 지쳐 있었습니다. 그들에게는 마음을 붙들어 줄 위로가 절실했습니다. 그런데 그들이 딱 한 번 위로를 받은 적이 있었습니다. 여호수아 2장에서 기생 라합을 만났을 때입니다.

기생 라합이 이렇게 고백합니다. "나는 주님께서 이 땅을 당신들에게 주신 것을 압니다. 우리는 당신들 때문에 공포에 사로잡혀 있고, 이 땅의 주민들은 모두 하나같이 당신들 때문에 간담이 서늘했습니다. … 위로는 하늘에서 아래로는 땅 위에서, 과연 주 당신들의 하나님만이 참 하나님이십니다"(수 2:9-11 새번역). 전투를 앞둔 이스라엘에게 이 말이 얼마나 큰 위로가 되었는지 모릅니다.

그러나 그 이후로 이스라엘은 줄곧 적대 세력만 상대해야 했습니다. 여리고 전투를 치렀고, 아이 성에서는 승리에 앞서 비참한 패배를 겪어야 했습니다. 겨우 숨을 돌리려는 순간, 가나안 여섯 족속이 연합하여 이스라엘을 치려고 일어났습니다(수 9:1-2).

이처럼 이스라엘이 말할 수 없는 피로와 긴장 속에서 위로에 굶주려 있을 때 기브온 거민들이 찾아왔습니다. 그러면서 이렇게 말합니다. "우리는 당신들의 종들이니이다"(수 9:8). 이러한 말이 이스라엘에게 얼마나 달콤한 위로로 들렸겠습니까?

하지만 바로 그 지점에서 문제가 발생했습니다. 영적으로 퇴보하는 틈을 타 악한 영이 거짓 위로를 들이밀자, 이스라엘은 하나님의 음성에 귀 기울이기를 잊어버렸습니다. 그리고 결국 진멸해야 할 기브온 거민들과 경솔하게 조약을 맺고 말았습니다. 여호수아 9장 본문을 소리 내어 읽어보면, 이스라엘이 기브온 거민들을 철저히 경계했다기보다 마치 말동무와 대화를 주고받듯 쉽게 마음을 열어버린 인상을 받습니다.

오늘 우리가 처한 시대적 상황 가운데서도 위로가 참 많이 필요합니다. 그러나 그렇기에 더욱, 우리가 어디서 위로를 찾고 있으며 무엇으로 위로를 받고 있는지를 분별해야 합니다. 아무리 외롭고 힘들어도 악한 영이 주는 위로는 단호히 거절해야 합니다. 그러한 위안은 결국 우리를 생명으로 인도하지 못하기 때문입니다.

참된 위안과 거짓 위안을 구별하는 법

그렇다면 우리는 어떻게 하나님께서 주시는 위안과 악한 영이 주는 거짓 위안을 분별할 수 있을까요? 하나님께서 주시는 위안은 처음-중간-마지막의 흐름이 '좋음에서 더 나음(good-to-better)'으로 발전합니다. 시간이 지날수록 더 선하고 더 깊은 열매를 맺습니다. 반면, 악한 영들이 주는 위안은 처음-중간-마지막의 흐름이 '나쁨에서 더 좋지 않음(bad-to-worse)'으로 퇴보합니다.[58] 처음에는 달콤하고 편하게 느껴질지라도 결국 영혼을 메마르게 만듭니다.

신학생 시절, 기숙사에서 영성 훈련을 받던 때의 일입니다 4주 동안 기도 훈련을 받았는데, 첫 주에는 기도가 잘 되고 마음에 큰 위안이 있었습니다. 그런데 둘째 주에 들어서면서 기도가 점점 시들해지고 하나님과 친밀하게 교제하고자 하는 열망도 서서히 약해지는 것을 느꼈습니다. 그러던 중, 첫째 주에 기도가 잘 되었던 기억만으로 스스로 만족하려 할 때, 영적 지도자이신 교수님께서 제 기도의 흐름을 살펴보시며 이렇게 말씀하셨습니다. "지금 기도의 흐름이 '좋음에서 더 나음'으로 가려다 멈추고, 오히려 '나쁨에서 더 좋지 않음'으로 퇴보하려는 모습이 보이네. 뒤로 물러서게 만드는 거짓 위안을 받아들이지 말고, 더 나음을 향해 경각심을 가지고 전심으로 기도하게나." 그 말씀을 통해 저는 하나님이 주시는 위안은 우리를 앞으로 나아가게 하지만, 거짓 위안은 우리의 걸음을 멈추게 하고 결국 뒤로 물러서게 한다는 사실을 깨닫게 되었습니다.

아브라함이 거짓 위안에 빠진 이유

하나님께서는 아브람[59]에게 "내가 너로 큰 민족을 이루게 하겠다"(창 12:2)고 약속하셨습니다. 이 약속은 아브람에게 큰 위로가 되었습니다. 그러나 시간이 지나도 약속이 이루어지지 않자 아브람의 마음은 흔들리기 시작했습니다. 그는 결국 하나님께 "나는 자식이 없사오니 나의 상속자는 이 다메섹 사람 엘리에셀이니이다"(창 15:2)라고 말하며 약속보다 덜 좋은 것으로 스스로를 위로하려 했습니다.

이것이 바로 악한 영이 노리는 지점입니다. 우리의 마음을 약하게 하고 흔들어 하나님께서 주신 최선 대신, 그보다 못한 것으로 타협하게 만드는 것입니다. 그러나 하나님께서는 다시

한번 분명히 말씀하셨습니다. 아브람에게 친히 상속자를 주실 것을 분명히 하셨고, 아브람이 하나님을 믿자 그를 의롭게 여기셨습니다(창 15:6).

그럼에도 불구하고, 창세기 16장에서 아브람은 또다시 하나님의 위안을 저버립니다. 아내 사래가 여종 하갈을 통해 자녀를 얻게 하자고 제안하자 그 제안을 받아들여 이스마엘을 낳게 된 것입니다. 그 결과 아브람의 가정에는 끊임없는 갈등과 고통이 찾아왔습니다. 그런데도 하나님께서는 신실하셔서 결국 아브람에게 약속의 아들 이삭을 주셨습니다(창 21:3).

이처럼 하나님께서 주시는 위안은, 처음-중간-마지막의 흐름이 '좋음에서 더 나음'으로 발전합니다. 반면, 악한 영이 주는 위안은 처음은 좋아 보일지라도, 결국에는 하나님께서 의도하신 최선에서 점점 멀어지게 합니다. 아브람이 이삭이 아닌 엘리에셀-이스마엘로 이어지는 '나쁨에서 더 좋지 않음'의 길로 갔듯이 말입니다.

우리는 어디서 위안을 찾고 있습니까? 혹시 우리를 '나쁨에서 더 좋지 않음'의 길로 이끄는 위안이라면, 그것은 악한 영이 주는 거짓 위안이므로 반드시 거절해야 합니다. 하나님께서 주시는 위안만이 우리를 '좋음에서 더 나음'의 길로 이끌어 가십니다. 아브라함은 영적 분별에 실패한 결과, 가정에서 이스마엘과 이삭으로 인한 깊은 갈등을 겪게 됩니다(창 16장). 그러나 감사한 것은 하나님께서 아브라함의 잘못된 영적 분별을 외면하지 않으시고, 약속하신 대로 이삭을 주셨다는 사실입니다. 하나님께서는 우리의 잘못과 연약함 속에서도 언제나 신실하게 일하십니다.

영적 위안의 시기를 어떻게 보낼 것인가?

먼저, 하나님께서 우리에게 영적 위안을 주실 때가 있습니다. 그때에는 한눈을 팔거나 다른 일에 마음을 빼앗기지 말고, 하나님께서 주시는 은혜 속에 깊이 잠겨야 합니다. 그렇게 해야 우리 영혼은 그동안 쌓여 있던 피로를 풀고 다시 충전할 수 있습니다.

어느 장마철에 어머니와 다섯 살 된 조카와 함께 차를 타고 집으로 가던 길이었습니다. 비가 많이 내려 도로 곳곳이 침수된 탓에 평소 1시간이면 갈 거리를 3시간 넘게 가야만 했습니다. 고된 운전도 힘들었지만, 어린 조카는 더더욱 힘들어했습니다. 그때 어머니는 길가에 보이는 제과점 앞에 차를 세우라고 하셨습니다. 맛있는 빵을 사오시더니 힘들어하던 조카에게 먹이셨고, 아이는 곧 기운을 차리기 시작했습니다. 잠시 간식을 맛보는 기쁨 덕분에 긴 여정을 견딜 힘을 얻게 된 것입니다. 이처럼 우리의 영혼이 지칠 때 하나님께서는 달콤한 영적 위로를 주셔서 우리의 신앙 여정을 다시 이어갈 힘을 얻게 하실 때가 있습니다.

둘째, 영적 위안의 시기는 앞으로 다가올 영적 황량의 시기를 대비하는 시간으로 보내야 합니다. 요셉을 기억해 보십시오. 7년 풍년이 왔을 때 요셉이 흥청망청 곡식을 소비해 버렸습니까? 그렇지 않습니다. 그는 창고를 짓고 곡식을 저장하여 앞으로 닥칠 7년 흉년을 철저히 대비했습니다. 마찬가지로 우리에게 영적 위안의 시기가 찾아올 때, 우리는 그저 기분 좋은 감정에 머무르기만 해서는 안 됩니다. 다가올 영적 황량의 시기를 대비해야 합니다. 그렇지 않으면, 정작 영적 황량의 시기가 닥쳤을 때 우리는 평정심을 잃고, 하나님의 신실하심마저 의심하며 실족할 위험이 있습니다.

셋째, 영적 위안의 시기는 언제까지나 계속되는 것이 아니라는 사실을 기억해야 합니다. 그렇기에 이 복된 시간을 교만하지 않고 겸손하게 보내야 합니다.[60]

이처럼 영적 분별이란, 영적 황량의 시기와 영적 위안의 시기를 민감하게 감지하고, 각각의 시기에 맞는 삶의 태도로 반응하는 것입니다. 영적인 사람은 어떤 시기든 수동적으로 끌

려가지 않습니다. 그들은 영적 위안의 시기에는 다가올 황량의 시기를 미리 예상하고, 그 시기를 잘 헤쳐나갈 수 있도록 대비합니다. 특별히 영적 위안의 시기는 하나님께서 은혜를 더욱 풍성히 부어주시는 때이므로, 우리는 이 시간을 무엇보다 소중하게 보낼 수 있어야 합니다.

• 나눔을 위한 질문 •

1. 위로가 필요할 때 대체로 나는 무엇으로 위로를 받으려 합니까?

2. 최근에 내가 경험한 위안은 나를 '좋음에서 더 나음(good-to-better)'으로 인도하고 있습니까? 아니면 '나쁨에서 더 좋지 않음(bad-to-worse)'으로 이끌고 있습니까?

• 영적 분별 실습 4 •

만일 영적 위안의 시기를 보내고 있다면 다음 세 가지 영적 원리를 적용해 보십시오.

1. 영적 위로를 누리며 충전합니다

2. 영적 위안의 시기가 언제까지나 계속되는 것이 아님을 알고 장차 다가올 황량의 시기를 대비합니다.

3. 위안의 시기가 당연하게 주어진 시간이 아니라 복된 시간임을 인식하고 교만하지 않고 겸손한 마음을 품습니다.

5장 영적 성숙의 과정으로서 영적 분별하기

열망으로 영적 분별하기

삶 가운데 우리를 이끌며 움직이게 하는 것은 무엇일까요? 그것은 바로 '열망(desire)'입니다. 오늘도 우리는 내가 간절히 바라고 원하는 것에 나 자신을 가장 많이 내어주며 살아갑니다. 그런데 우리를 움직이는 열망은 단 하나가 아닙니다. 여러 열망들이 우리 안에서 서로 부딪히고 때로는 경쟁하기도 합니다.

영국의 저명한 영성학자 필립 쉘드레이크는 25년 만에 담배를 끊었다고 고백한 적이 있습니다. 그는 그 과정에서 자신의 내면 깊은 곳에 두 가지 열망이 공존하고 있다는 사실을 깨달았다고 합니다. 하나는 '담배를 피우면 즐겁다'는 열망이

었고, 다른 하나는 '담배는 건강에 해롭기 때문에 끊어야 한다'는 열망이었습니다. 처음에는 담배가 주는 즐거움에 대한 열망이 더 컸기 때문에 그 열망이 그의 삶을 이끌었습니다. 그러나 시간이 지날수록 '건강을 지키기 위해 담배를 끊어야 한다'는 열망이 점점 더 커졌고, 결국 그는 더 큰 열망을 따라가며 담배를 끊는 데 성공했습니다.[61]

사도 바울도 로마서 7장에서 "내가 원하는 것은 행하지 아니하고 도리어 미워하는 것을 행[한다]"(롬 7:15)고 고백했습니다. 왜 이러한 일이 일어날까요? 그 이유는 간단합니다. 내가 원하지만 행하지 못하는 것은 그 열망이 약하기 때문이고, 내가 원치 않는데도 계속 행하게 되는 것은 그 잘못된 열망이 더 크기 때문입니다. 우리 인생은 가장 강한 열망을 따라 움직이게 되어 있습니다.

그리스도인은 어떤 사람입니까? 하나님을 갈망하는 사람, 하나님을 배고파하고 목말라 하는 사람입니다. 주일에 예배를 드리지 않으면 마음이 찜찜한 것도 일종의 열망입니다. 그러나 예배하고 기도하는 삶을 이어가다 보면 더 큰 열망이 있다는 사실을 깨닫게 됩니다. 그것은 바로 우리를 향하신 하나님의 열망입니다. 하나님께서 우리의 예배를 받기 원하시고, 우리의 기도를 듣기 원하신다는 사실입니다.

결국 영적 성숙이란, 나의 열망보다 더 크고 선한 하나님의 열망을 발견하고, 그 열망을 우리 것으로 받아들일 뿐만 아니라 그 열망을 따라 살아가는 삶입니다. 하나님께서 원하시는 것을 나도 원하게 되는 것, 나 자신의 열망보다 더 크고 선한 하나님의 열망을 알아차리고 추구하는 것, 바로 그것이 영적 분별입니다.

영적 성숙과 퇴보로 보는 영적 분별

하나님께 속한 선한 영[62]은 우리가 영적으로 성숙하도록 독려합니다. 반면, 악한 영은 우리가 영적으로 퇴보하도록 유혹합니다. 우리 역시도 때로는 열망을 따라 영적 성숙을 향해 나아가지만, 때로는 퇴보하려는 성향을 드러내기도 합니다. 이 두 가지 성향은 우리 안에 공존하며 서로 충돌을 일으킵니다. 따라서 영적 분별은 단순한 판단이 아니라, 선한 영과 악한 영이 우리 내면에서 작용하는 동시에 그에 반응하여 나타나는 우리의 영적 성숙과 퇴보의 움직임이 서로 얽혀 일어나는 복합적이고 종합적인 과정입니다. 이를 다음 네 가지 경우로 정리할 수 있습니다.

	영적으로 성숙하려는 성향	영적으로 퇴보하려는 성향
선한 영	① 선한 영은 영적으로 성장하려는 사람을 북돋아 더 깊은 성숙으로 나아가게 한다	② 선한 영은 영적으로 퇴보하려는 사람의 양심과 이성을 일깨워 성찰하도록 한다
악한 영	③ 악한 영은 영적으로 성장하려는 사람에게 근거없는 불안과 두려움을 심어, 더 큰 생명으로 나아가지 못하게 막는다	④ 악한 영은 영적으로 퇴보하려는 사람을 미혹하여 더 깊은 나락으로 떨어지게 만든다

표1. 영적 성장과 퇴보로 보는 영적 분별

① 상안: 선한 영은 우리가 영적으로 성장하려는 성향을 힘과 용기로 북돋아 더 큰 성숙으로 나아가도록 이끕니다. 이러한 상황에서는 중요한 결정을 내려도 좋습니다.

② 상안: 선한 영은 우리가 영적으로 퇴보하려는 성향을 보일 때 양심과 이성을 일깨워[63] 스스로를 성찰하고 되돌아보게 합니다.

③ 상안: 악한 영은 우리가 영적으로 성장하려고 할 때 근거 없는 불안과 두려움을 심어, 더 큰 생명과 성장을 향해 나아가지 못하게 막습니다.

④ 상안: 악한 영은 우리가 영적으로 퇴보하려는 성향을 미혹하여 더 깊은 나락으로 떨어지게 만듭니다. 영적으로 약해

진 상태에서 악한 영의 유혹을 받으면 좋지 않은 선택을 내릴 가능성이 매우 높습니다. 따라서 자신이 영적으로 좋지 않은 상태이고, 동시에 악한 영이 작용한다고 판단되면 그때는 중요한 결정을 내리지 않는 것이 유익합니다.

여호수아의 영적 분별

여호수아 1장부터 8장에는 요단강을 건너 가나안 땅에 입성한 이스라엘이 지속적으로 가나안 족속들과 전투를 벌이는 장면이 나옵니다. 이스라엘은 여리고 성 전투(수 6장)와 아이 성 전투(수 7-8장)를 치른 이후에도, 가나안의 여러 족속들이 연합하여 자신들을 공격하려는 상황에 직면합니다. 끊임없이 이어지는 전투 속에서 이스라엘 백성들은 지칠 대로 지쳤고, 무엇보다도 위로에 굶주려 있는 상태였습니다. 바로 그때 등장하는 것이 여호수아 9장의 사건입니다. 여호수아와 이스라엘 백성들은 하나님께 귀를 기울여야 하는 중요한 순간, 오히려 악한 영이 주는 달콤한 위로의 속임수에 넘어가고 맙니다. 영적 분별의 부재가 불러온 결정적인 실패였습니다.

	영적으로 성숙하려는 성향	영적으로 퇴보하려는 성향
선한 영	① 선한 영: '헤렘 언약'을 중시하도록 함. 가나안 족속을 진멸할 것 여호수아와 이스라엘: 너희는 누구며 어디서 왔느냐(수 9:8)[64] (중요한 결정을 내려도 좋은 상태)	② 선한 영: 이성적으로 검토하게 함 이스라엘: 너희가 우리 가운데 거주하는 듯하니 우리가 어떻게 너희와 조약을 맺을 수 있으랴(수 9:7)
악한	③ 악한 영: 속임수를 씀. 보소서 긴 여행에 떡은 곰팡이가 났고 옷과 신도 낡았나이다(수 9:12-13) 여호수아와 이스라엘: 낡은 옷과 해진 신발, 곰팡이 핀 떡을 보니 정말 멀리서 온 족속들인가 봐. 가나안 족속이 아닌 것 같은데?	④ 악한 영: 잘못된 결정을 내리게 함 여호수아와 이스라엘: 무리가 그들의 양식을 취하고는 어떻게할지 여호와께 묻지 아니하고(수 9:14) (중요한 결정을 내리지 말아야 하는 상태)

표2. 여호수아의 영적 분별

① 상안: 여호수아와 이스라엘은 자신들을 속이러 온 기브온 거민들을 만납니다. 이때 하나님의 영은 이스라엘로 하여금 하나님과 맺은 '헤렘 언약'*을 기억하고 소중히 여기도록 일깨

---

* 히브리어 '헤렘(*herem*)'은 '온전히 바치다,' '진멸하다'라는 의미가 있으며, 가나안 정복 과정에서 그 거주민과 물건을 하나님께 전적으로 봉헌한다는 의미로 멸절시키며, 어떤 전리품도 취하지 말라는 하나님의 명령(수 7:1-11)을 가리킨다.

우셨습니다. 이스라엘은 처음에는 하나님의 인도하심을 따라 신중한 태도를 유지하며 성숙한 반응을 보입니다.

② 상안: 여호수아와 이스라엘 백성들은 기브온 거민들이 실제로는 가나안 사람들일 수 있다는 의심을 품습니다. 그들과 함께 거할 수 없다는 인식도 가지고 있었습니다. 그러나 여호수아 9장 7절을 소리 내어 읽어보면, 이스라엘의 마음이 단호하지 못하고 흔들리는 모습, 즉 영적으로 퇴보하려는 성향이 드러납니다. 그럼에도 하나님의 영은 그들로 하여금 이성적으로 판단하고 분별하도록 계속 일깨우고 계십니다.

③ 상안: 악한 영은 여호수아와 이스라엘 백성들이 영적 성숙이라는 방향으로 나아가지 못하도록 방해했습니다. 기브온 거민들의 낡은 옷과 해진 신발, 곰팡이 핀 떡은 악한 영이 이용한 속임수의 도구였고, 결국 이스라엘은 그 겉모습에 속아 넘어가고 말았습니다.

④ 상안: 악한 영은 여호수아와 이스라엘 안에 이미 존재하던 영적 퇴보의 성향을 더욱 부추겨 잘못된 결정을 내리도록 작용했습니다. 그 결과, 그들은 하나님께 묻지 않았고, 악한 영의 유혹에 빠져 기브온과 잘못된 조약을 맺고 말았습니다.

탕자의 영적 분별

누가복음 15장에 등장하는 탕자는 아버지께 돌아가기로 결심하는 순간, 영적 성숙의 흐름 위에 서게 됩니다. 그는 하나님과 악한 영의 영향 속에서 나름대로 영적 분별을 하고 있었던 것입니다.

	영적으로 성숙하려는 성향 (아버지께 돌아가려고 함)	영적으로 퇴보하려는 성향 (아버지께 돌아가지 않으려고 함)
선한 영	① 선한 영: 어서 아버지께 돌아가라. 양식이 풍족한 일꾼이 얼마나 많은가(눅 15:17) 탕자: 그래, 아버지께 돌아가자! (중요한 결정을 내려도 좋은 상태)	② 선한 영: 이제 그만 아버지께 돌아가라. 객지에서 굶어 죽는 건 바람직하지 않아(눅 15:17) 탕자: 그러면, 이제 그만 돌아갈까?
악한	③ 악한 영: 너는 하늘과 아버지께 죄를 지었다. 무슨 면목으로 아버지께 돌아가려는 거냐? 탕자: 그래도 돌아가고 싶다	④ 악한 영: 너 같은 놈은 아버지의 아들이라 일컬음을 감당할 수 없어(눅 15:21) 탕자: 그래, 난 돌아갈 수 없어 (중요한 결정을 내리지 말아야 하는 상태)

표3. 탕자의 영적 분별

① 상안: 하나님께 속한 선한 영은 탕자에게 아버지께 돌아갈 힘과 용기를 주었습니다. 탕자의 마음속에 일어난 영적 성숙을 향한 열망은 그 이끄심을 받아들였고, 이것이 바로 탕자의 영적 분별이 성숙으로 이어지는 모습입니다.

② 상안: 탕자의 내면에는 여전히 아버지께 돌아가기를 망설이는 마음, 즉 영적으로 퇴보하려는 성향이 존재했습니다. 그러나 선한 영은 그를 이성적으로 깨우쳐, 상황을 바르게 판단하게 하며 아버지께 돌아가도록 계속 독려합니다. 이 장면은 영적 분별의 과정 가운데 하나님께서 적극적으로 도우신다는 사실을 보여줍니다.

③ 상안: 악한 영은 탕자에게 근거 없는 두려움과 죄책감을 심어 그가 아버지께 돌아가는 영적 성숙을 방해하려 했습니다. 그러나 탕자는 끝내 아버지께 돌아가려는 열망을 포기하지 않았고, 영적 성숙의 방향을 잃지 않았습니다.

④ 상안: 악한 영은 탕자를 낙담시키고, 아버지께 돌아갈 수 없다는 절망감을 심어 퇴보하도록 유혹했습니다. 탕자의 내면은 이러한 유혹에 수긍하며 흔들리기도 했지만, 결국 그는 그 상태에 머무르지 않았습니다.

이처럼 영적 분별은 선한 영과 악한 영의 작용, 그리고 우리 내면의 성숙과 퇴보의 움직임이 동시에 복합적으로 작용하는 과정임을 알 수 있습니다. 그러나 궁극적으로는 하나님께서 은혜를 베푸시고 탕자의 영적 분별과 성숙을 도우셨기에, 마침내 그는 아버지께 돌아갈 수 있었습니다.

부자 청년의 영적 분별

그렇다면 우리는 언제나 하나님의 은혜 안에서 영적 분별에 성공할 수 있을까요? 항상 그렇지는 않습니다. 우리의 영적 상태와 마음의 의지에 따라 하나님의 인도하심에 협력할 때도 있지만, 그렇지 못할 때도 있기 때문입니다. 과연 마태복음 9장에 등장하는 부자 청년은 왜 영적 분별에 실패했을까요?

	영적으로 성숙하려는 성향 (예수님을 따르려고 함)	영적으로 퇴보하려는 성향 (예수님을 따르려 하지 않음)
선한 영	① 선한 영: 모든 소유를 팔아 가난한 자들에게 주고 예수님을 따르라. 그러면 하늘의 보화가 있으리라 하셨어(마 19:21) 부자 청년: 그럼 그렇게 해볼까? (중요한 결정을 내려도 좋은 상태)	② 선한 영: 십계명을 지켜도, 많은 재물이 있어도 깊은 만족은 없었어. 왜 망설여? 부자 청년: 그래도 갈등이 생긴다

악한 영	③ 악한 영: 십계명을 지켰으면 됐어. 그 정도로 하나님을 기쁘시게 하면 됐지, 꼭 재산까지 다 나누어주고 예수님을 따라야겠어? 부자 청년: 근심하며 버팀 (마 19:22)	④ 악한 영: 예수님을 따라가 봐야 별볼 일 없어. 어떻게 모은 재산인데 가난한 사람들에게 다 나누어 주냐? 그냥 십계명이나 지키며 살면 돼 부자청년: 근심하며 돌아감 (마 19:22) (중요한 결정을 내리지 말아야 하는 상태)

표4. 부자 청년의 영적 분별

① 상안: 선한 영은 부자 청년이 예수님의 부르심에 응답하도록 격려했습니다. 부자 청년의 내면에서도 영적으로 성숙하려는 움직임이 일어나 예수님을 따르고자 하는 마음이 싹텄습니다.

② 상안: 동시에 부자 청년 내면에는 선뜻 예수님을 따르지 못하고 머뭇거리는 마음, 즉 영적으로 퇴보하려는 성향도 있었습니다. 그는 마치 영적 황량의 상태에 있는 듯 갈등했습니다. 선한 영은 그로 하여금 이성적으로 상황을 검토하도록 도우셨지만, 그의 내면에 내재한 퇴보하려는 성향은 계속 갈등하며 흔들렸습니다.

③ 상안: 악한 영은 부자 청년의 탐욕과 소유에 대한 집착을 자극하여 예수님을 따르려는 성숙의 움직임을 가로막았습

니다. 그러나 부자 청년의 내면에서 성숙을 향한 움직임도 완전히 꺼진 것은 아니었기에, 그는 근심하며 마지막까지 갈등했습니다.

④ 상안: 악한 영은 부자 청년을 현실과 타협하도록 유혹하며 결정적인 타격을 가했습니다. 결국 그의 내면의 영적으로 퇴보하려는 성향이 그 유혹에 응답했고, 부자 청년은 예수님을 따르지 못한 채 근심하며 돌아갔습니다. 영적으로 퇴보하고 악한 영의 영향까지 강하게 받는 이러한 상태에서는 중요한 결정을 유보하는 것이 바람직합니다.

탕자와 부자청년의 영적 분별 비교

탕자가 아버지께 돌아가기로 결정한 것은 단순히 한 번의 영적 분별이나 단발성의 올바른 선택 때문이 아닙니다. 그는 영적 분별의 과정을 통과하면서 점진적으로 성숙으로 이어지는 여정을 경험한 것입니다.

그렇다면 부자 청년은 잘못된 영적 분별 때문에 예수님께 버림을 받은 것일까요? 그렇지 않습니다. 그는 그 순간에는 영적으로 성숙하는 일에 실패했지만, 앞으로도 얼마든지 다시 분별 과정을 통해 영적으로 성장할 수 있는 사람입니다. 만일 우리가 부자 청년처럼 영적 분별에서 실패했다고 느낀다면, 다음 세 가지를 꼭 기억해야 합니다.

첫째, 하나님을 진심으로 따르고자 하는 사람은 이미 하나님의 뜻 안에 있을 가능성이 높습니다. 비록 영적 분별에 실수가 있었다고 해도, 하나님은 그분을 따르고자 하는 사람의 마음과 열망을 누구보다 잘 아십니다.

둘째, 한 번의 영적 분별에 실패했다고 해서 하나님의 뜻을 아는 일이나 하나님을 따르는 일에 돌이킬 수 없는 상태로 완전히 실패한 것이 아닙니다. 영적 분별의 삶이란, 단순히 성공적인 선택의 결과물이 아니라 하나님을 사랑하며 순종하려는 태도를 변함없이 지켜가는 과정 전체이기 때문입니다.

셋째, 때로 우리가 잘못된 선택을 하더라도 하나님은 그것마저 사용하셔서 우리를 뉘우침과 겸손의 자리로 이끄시고, 결국 그분을 더 깊이 섬기도록 하시는 분입니다.[65]

어떤 성도님이 이렇게 물었습니다. "목사님, 요즘 기도가 잘 안 됩니다. 기도할 때 자꾸 잡념이 떠오르고, 때로는 잠이 쏟아지는데 어떻게 하면 좋을까요?" 이 분은 영적으로 성숙하고 있을까요, 아니면 퇴보하고 있을까요? 정답은 '영적으로 성숙하는 과정 중에 있다'는 것입니다. 왜냐하면 기도가 잘 안 되어도 기도하려고 몸부림치는 열망 자체가 성숙의 징표이기 때문입니다.

부자 청년도 마찬가지였습니다. 살던 대로 살 수 있었지만, 그는 더 좋은 선택이 없는지 열망했기에 예수님께 나아왔습니다. 그 순간만큼은 그의 영혼도 성숙의 흐름 속에 있었던 것입니다. 심지어 예수님을 따르지 못하고 돌아갈 때도 근심했으니, 그는 여전히 영적 싸움 가운데 있었습니다.

그런데 왜 탕자는 아버지께 돌아갔고, 부자 청년은 예수님을 따르지 못했을까요? 그 이유는 단 하나입니다. 탕자는 '더 좋은 것'을 더 크게 갈망했고, 부자 청년은 '덜 좋은 것'을 더 크게 갈망했기 때문입니다.

영적 분별이란, 좋은 일과 나쁜 일 중 좋은 일을 선택하는 것이 아닙니다. 좋은 일을 하고 나쁜 일을 하지 않는 것은 당연한 일이지 영적 분별이 아닙니다. 영적 분별이란, 좋은 일 중 가장 좋은 일, 선한 일 중에서 더 선한 일을 갈망하고 선택하는 것입니다.

• 나눔을 위한 질문 •

1. 내가 열망하는 것은 무엇입니까? 하나님께서 나에게 열망하시는 것은 무엇입니까? 두 가지를 비교해 보십시오.

2. 나는 '더 좋은 것'과 '덜 좋은 것' 중 어떤 것을 더 크게 갈망하고 있습니까? 올바른 선택을 내리려면 어떤 변화나 동기가 필요합니까?

• 영적 분별 실습 5 •

다음 도표에 나의 상황을 대입하여 영적 분별을 해 보십시오. ① ② ③ ④ 중 현재 나의 영적 상태를 가장 잘 반영하는 상안은 무엇입니까?

① 상안이라면 중요한 결정을 내려도 좋습니다.

④ 상안이라면 영적 위안의 시기 때 결정한 것을 변경하지 말고, 중요한 결정을 유보하십시오.

	영적으로 성숙하려는 성향	영적으로 퇴보하려는 성향
선한 영	① 선한 영은 영적으로 성장하려는 사람을 북돋아 더 깊은 성숙으로 나아가게 한다	② 선한 영은 영적으로 퇴보하려는 사람의 양심과 이성을 일깨워 성찰하도록 한다
악한 영	③ 악한 영은 영적으로 성장하려는 사람에게 근거없는 불안과 두려움을 심어, 더 큰 생명으로 나아가지 못하게 막는다	④ 악한 영은 영적으로 퇴보하려는 사람을 미혹하여 더 깊은 나락으로 떨어지게 만든다

한 걸음 더 들어가기 3

영적 분별을 통해 영적 성숙에 다다른다

우리는 언제, 그리고 어떻게 영적으로 성숙하게 될까요? 영적 성숙은 평탄한 환경에서 저절로 이루어지는 것이 아니라 우리의 영혼이 성숙의 길에서 직면하는 위기와 유혹을 극복하는 과정을 통해 이루어집니다. 여호수아도, 탕자도, 부자 청년도 하나님의 뜻을 따르려고 하기 전까지는 악한 영의 유혹에 노출되지 않았습니다. 이들은 모두 하나님의 뜻을 선택하려는 순간 악한 영의 방해와 유혹을 경험했고, 그러한 것들과 직면하는 가운데 영적 분별을 실천하게 되었습니다.

그러나 더 중요한 것은 하나님께서 영적 분별의 모든 과정에서 우리를 도우신다는 사실입니다. 앞서 보았던 표에서 확인했듯이, 하나님께서는 우리가 하나님의 뜻을 선택하도록 격려하시고(각 표의 1상안), 우리의 이성과 양심을 일깨우셔서 성찰하고 돌아보도록 도우십니다(각 표의 2상안). 우리는 늘 영적으로 성숙하려는 성향을 유지할 수 없습니다. 때로는 약해지고, 퇴보하려는 마음이 커지며, 악한 영의 유혹에 흔들릴 때도 있습니다. 그러나 영적 분별의 삶을 지속하는 한 악한 영의 유혹은 결국 우리의 믿음을 더욱 굳게 하는 도구로 전락할 뿐 우리에게 결정적인 위협이 되지는 못합니다. 그 모든 영적 경험을 통해 우리는 더 깊은 영적 성숙의 길로 나아갈 수 있습니다.

영적 분별은 일시적인 사건이 아니라 평생 지속해야 하는 여정입니다. 무엇보다 우리를 유혹하는 악한 영보다 우리를 도우시는 하나님의 은혜가 더 크시기 때문에, 우리는 "주와 함께 길 가는 것 즐거운 일 아닌가"(찬송 430장) 고백하며 기쁨으로 영적 분별의 길을 걸어갈 수 있습니다. 하나님의 나라는 하나님께서 홀로 완성하시는 종말론적 장소가 아니라, 역사 속에서 실현되어 가는 과정이며, 하나님께서는 그 일을 위해 우리를 협력자로 부르십니다.[66] 그러므로 우리는 영적 분별을 통해 하나님께 협력함으로 영적 성숙을 이루어갈 수 있습니다.

6장 초연과 더욱더로 영적 분별하기

초연이란?

영적 분별을 통해 더 좋은 것을 선택하기 위해 우리는 어떻게 해야 할까요? 하나님의 열망을 우리 자신의 열망으로 품을 수 있어야 합니다. 그러기 위해서는 초연해야 하는데, 초연이란 영어로 'indifference'로, 무관심이라는 뜻이 아니라 어느 한편으로도 치우치지 않는 편중되지 않은 마음 상태, 즉 불편심(不偏心)을 의미합니다. 영성학자인 엘리자베스 리버트는 이냐시오의 초연에 대한 진술을 다음과 같이 쉽게 표현했습니다.

사랑하는 나의 자녀야
이 세상에 있는 모든 것은 내가 너에게 준 선물이란다.
너는 내가 준 나의 모든 선물들을
네가 사랑스러운 사람이 되는 범위 안에서 잘 사용하기 바란다.

그러나 내 선물 중 어떤 것들이 너의 삶의 중심이 된다면
그것들은 나를 대신하게 되고, 그럼으로써
네가 참된 목표를 향해 성장하는 데 방해가 될 것이다.

너는 내가 준 모든 선물들 앞에서 균형을 잡아야 한다.
너는 나의 갈망을
건강이나 질병, 부나 가난, 성공이나 실패,
오래 사는 것이나 짧게 사는 것
둘 중 하나에 고정시키지 말거라.

왜냐하면 나는 네가 더 깊이 나에게 응답하도록
어떤 것이든 사용할 수 있기 때문이다.
너의 단 한 가지 갈망과 선택은 바로 이것이 되어야 한다.
그것은 나의 생명이 네 안에서 더 충만하도록 이끌어주는 것을
원하고 선택하는 것이다.[67]

만일 우리의 마음이 건강과 부와 성공과 오래 사는 것만이 더 선한 것이라고 믿는다면, 우리는 정작 더 좋은 것을 열망하지 못할 수 있습니다. 부자 청년은 자신이 소유하고 있던 재물에 집착한 나머지 예수님을 따르는 데 실패했습니다. 아버지께 받은 유산으로 흥청망청하다가 빈털터리가 된 탕자도 그 실패의 길목에 있었습니다. 어찌 보면 그러한 탕자의 입장에서 아버지께 돌아가는 것은 실패를 스스로 인정하는 것일 수도 있었습니다. 그러나 자신의 실패를 받아들이고 초연하게 아버지께 돌아가기로 결정했습니다. 그리고 바로 그 선택이 생명의 길로 나아가는 중요한 전환점이 되었습니다.

하나님께서 무엇이든, 그리고 어떤 상황이든 우리로 하여금 하나님께 응답하도록 사용하실 수 있다는 것을 인정할 때, 비로소 더 선한 것을 더 크게 열망할 수 있는 길이 열립니다. 그 어느 쪽으로도 치우침 없이, 하나님의 사랑이 지시하고 인도하는 방향으로 움직이고 반응할 준비를 하는 것이 바로 초연입니다.

사도 바울의 초연

전승에 따르면, 사도 바울은 간질(또는 이에 준하는 심각한 질병)을 앓았다고 합니다. 바울이 복음을 전하다가 갑자기 쓰러져

발작을 일으킨다면, 사람들이 "당신의 질병도 고쳐 주지 못하는 예수를 왜 믿어야 한단 말이오?"라고 반문하지 않았겠습니까? 그래서 바울은 복음을 전하는 일에 지장을 주는 이 질병을 "육체의 가시," 곧 "사탄의 사자"라 불렀고, 자신의 유익을 위해서가 아니라 복음 전도를 위해 이것이 떠나가게 해 달라고 하나님께 세 번이나 간구했습니다(고후 12:8). 그에게는 질병은 나쁜 것이라는 '편심'이 있었기 때문입니다.

그러나 하나님께서는 "내 은혜가 네게 족하도다. 이는 내 능력이 약한 데서 온전하여짐이라"(고후 12:9)고 말씀하시고, 바울의 질병을 고쳐주시는 대신 의사 누가로 하여금 바울을 돌보도록 하셨습니다. 바울도 자신에게 이 질병을 허락하신 하나님의 뜻을 깨닫고 이렇게 고백합니다. "여러 계시를 받은 것이 지극히 크므로 너무 자만하지 않게 하시려고 내 육체에 가시 곧 사탄의 사자를 주셨으니 이는 나를 쳐서 너무 자만하지 않게 하려 하심이라"(고후 12:7). 사도 바울은 자신의 질병이 반드시 나아야 한다는 편중된 마음에서 벗어나, 하나님께서 질병을 통해서도 자신의 생명을 더 충만하게 하실 수 있다는 초연한 마음으로 영적 분별에 이르게 되었습니다.

예수님의 초연

예수님께서도 겟세마네 동산에서 편심 가운데 기도를 시작하셨습니다. "내 아버지여 만일 할 만하시거든 이 잔을 내게서 지나가게 하옵소서"(마 26:39). 예수님께서는 십자가라는 잔이 자신에게서 지나가기를 원하셨습니다. 그러나 예수님은 불편심으로 기도를 마무리하셨습니다. "그러나 나의 원대로 마시옵고 아버지의 원대로 하옵소서"(마 26:39). 이후에도 예수님은 불편심으로 같은 기도를 드리셨습니다. "아버지의 원대로 되기를 원하나이다(마 26:42). 심지어 세 번이나 같은 말씀으로 기도하셨다고 성경은 증언합니다(마 26:44). 이렇게 그 어느 한 쪽에도 편중되지 않은 채, 예수님께서는 더욱 선한 하나님의 뜻이 자신을 이끌도록 초연함으로 영적 분별을 행하셨습니다.

순례자의 영성

초연은 순례자의 영성에서 드러나는 특징입니다. 우리 인생의 여정을 순례로 받아들일 때도 이와 같은 초연이 자라납니다.

대체로 우리는 인생을 살아갈 때 필요한 모든 것을 미리 확보하고 싶어 합니다. 마치 신혼부부가 결혼과 동시에 완벽한

집과 좋은 자동차와 충분한 생활비를 처음부터 모두 구비하고 싶어 하는 것과 같습니다. 그러나 인생이라는 순례길에서 하나님께서 주시는 도움은 처음부터 모든 것을 한꺼번에 베풀어 주시는 방식이 아니라, 여정 중에 필요한 도움을 적재적소에 배치해 주시는 방식입니다.

이스라엘이 홍해를 건너 광야로 들어갔을때, 하나님께서는 그들에게 40년치 음식을 한번에 다 주지 않으셨습니다. 대신 날마다 만나를 내려주셨고, 목마를 때마다 샘이 솟게 하셨습니다. 그렇기에 순례의 길은 가면 갈수록 지치는 길이 아니라, 더욱 힘이 나는 길입니다. 순례의 여정 내내 적재적소에서 하나님의 도우심이 우리를 기다리고 있기 때문입니다(시 84:5-7).

우리의 지난 한 해를 돌아보면, 하나님께서 적재적소에 필요한 도움을 정확하게 예비하셨음을 고백하지 않을 수 없습니다. 올 한 해를 허락하신 주님께서는 1년을 살아가는 데 필요한 은혜도 이미 예비해 두셨습니다. 우리의 순례 여정이 복된 이유는 주님께서 매일매일, 그리고 어려운 순간마다 우리에게 필요한 힘을 공급해 주시기 때문입니다. 이러한 순례자의 영성을 지니고 살아갈 때 우리는 초연해질 수 있으며, 현세에 집착하지 않는 분별의 삶을 살아갈 수 있게 됩니다.

'더욱더'의 원리

우리가 영적 분별을 하는 궁극적 목적 중 하나는 하나님께 더 큰 영광을 돌리기 위함입니다. 그래서 이냐시오는 초연과 더불어 '더욱더'의 원리를 강조했는데[68] '더욱더'는 라틴어로 '마지스(*Magis*)'이며 영어의 'more'에 해당합니다. '더욱더'는 다음과 같이 영적 분별의 중요한 원리가 됩니다.

가령, A라는 방법도 하나님께 영광을 돌릴 수 있고, B라는 방법도 하나님께 영광을 돌릴 수 있다고 가정할 때, 우리는 A든 B든 아무거나 선택해도 괜찮을까요? 그렇지 않습니다. 영적 분별이란 A와 B 두 가지 중에 하나님께 더 큰 영광을 돌리는 방법을 선택하는 것을 의미합니다.

영성 지도자 루이 랄레몽(Louis Lallemont)은 마지스 원리를 다음과 같이 설명했습니다. "우리는 거룩의 영역에 있어 결코 이런 식으로 말하며 한계를 정해서는 안 된다. '이제 충분해, 나는 만족해, 나는 더이상 원치 않아.' 그러나 그렇게 만족하는 순간 우리는 하나님께 더 큰 영광을 돌리기 위한 모든 노력을 중단하게 된다." 즉, '더욱더'의 의미는 아무리 내 입장에서 하나님께 큰 영광이 될 만한 선택을 했다고 해도 여전히 하나님 입장에서는 더 바라시는 바가 있을 수 있기 때문에, 우리는 하나님의 뜻에 마음을 열어 놓고 '더욱더'를 지속적으로 추구해야 한다는 것입니다.

요나의 '더욱더'

요나에게도 이 '더욱더'의 원리가 적용됩니다. 요나는 처음에 하나님께 불순종하며 다시스로 가려고 했다가 나중에 하나님의 명령에 순종해 니느웨로 갔습니다. 요나 입장에서는 도망치려다가 마음을 돌이켜 니느웨로 갔으니 이전보다 하나님께 더 큰 영광을 돌렸다고 생각할 수 있습니다. 그러나 하나님께서 보시기엔 요나가 그보다 더 큰 영광을 돌릴 부분이 남아 있었습니다. 그것은 다름 아니라 하나님의 관점에서 니느웨를 향해 긍휼의 마음을 품는 것이었습니다. 따라서 요나는 자신의 입장에서 '난 충분히 하나님께 순종했어'라고 만족할 게 아니라 '더욱더'의 원리를 적용하여 하나님께서 바라시는 긍휼의 지점까지 나아가야 했습니다. 우리는 하나님께 순종하고 영광을 돌리는 일에서 어느 지점에 머물러 만족하고 있습니까? 하나님께서 우리에게 바라시는 '더욱더'가 있다면 그것은 무엇일까요?

• 나눔을 위한 질문 •

1. 건강과 질병, 부와 가난, 성공이나 실패, 길게 사는 것과 짧게 사는 것 중 나의 갈망은 어느 쪽에 편중되어 있습니까?

2. 지나온 삶을 돌아볼 때, 하나님께서 나의 생명이 더 충만하게 하시기 위해 질병, 가난, 실패를 사용하신 경험이 있다면 함께 나누어 보십시오.

3. 때로는 영적 분별에 실패할 수도 있고, 영적 분별을 한다고 해서 항상 올바른 선택과 결정을 내리게 된다는 보장이 없는데도, 우리가 영적 분별을 계속해야 하는 이유는 무엇입니까?

• 영적 분별 실습 6 •

1. 나는 이만하면 충분하다고 여기지만, 하나님의 관점에서 본다면 오히려 내게 '더욱더'를 원하실 것 같은 부분은 무엇인지 생각해 보십시오.

2. '더욱더'의 원리를 따라 하나님께서 원하시는 분량까지 날마다 성실하게 나아가 보십시오. 구체적으로 어떤 실천 방안이 나에게 필요하다고 생각하십니까?

한 걸음 더 들어가기 4

영적 분별은 과정이다

영적 분별은 머리로만 하는 것이 아니라 실제 삶 속에서 이루어집니다. 백화점에서 어떤 물건을 살까 말까 고민하다가 사고 나서 후회할 때가 있고, 누군가에게 어떤 말을 할까 말까 망설이다가 한마디 하고 나서 후회할 때도 있습니다. 이처럼 우리는 직접 행동하며 교정해 나가는 과정을 통해 영적 분별을 배웁니다. 자동차 운전도 실제로 운전하며 배우고, 수영도 여러 번 물을 먹어 가며 배우며, 자전거도 여러 번 넘어지며 배우듯이 영적 분별도 마찬가지입니다.

그렇다면 영적 분별을 하면 할수록, 그때마다 항상 올바른 선택과 결정을 내릴 수 있을까요? 유감스럽게도 그렇지 않습니다. 우리는 때때로 분별을 잘못하기도 합니다. 왜냐하면 분별 후 선택과 결정을 내리는 동안 새로운 정보를 얻게 되거나 환경이 변화하기 때문입니다. 그러므로 분별에 실패했다고 해서 분별 자체를 포기할 필요는 없습니다. 더 나은 결정을 위해,

하나님께 더 큰 영광을 돌리기 위해, 분별을 계속해 나가면 되는 것입니다. 그러므로 영적 분별은 결과라기보다는 과정입니다. 이런 말이 있습니다. "기도하지 않고 잘된 일에 대해 기뻐하지 말라. 기도하고 잘 되지 않은 일에 대해 낙심하지 말라."

그래서 영성가들은 영적 분별을 했음에도 결과가 기대한 대로 나타나지 않았을 때 이를 순순히 받아들였습니다. 왜냐하면 그들이 분별 작업을 행한 이유가 무엇보다 하나님께 더 큰 영광을 돌리기 위함이었고, 그런 점에서 분별의 결과보다 분별의 과정에 더 큰 의미가 있음을 알았기 때문입니다.

영적 분별을 한다는 것은 하나님을 의지하지 않고 스스로 모든 이치를 알아가겠다는 뜻이 아닙니다. 영적 분별은 보다 나은 삶을 추구하는 과정에서 일어나는 것이지, 하나님의 마음속에 숨겨진 비밀을 찾아내는 작업이 아닙니다.[69] 아무리 영적 분별에 능숙해진다 해도 우리는 여전히 미래를 알지 못하며, 그렇기에 언제나 하나님을 의지해야 합니다.

메리 브레이너드(Mary Brainard)는 이러한 신앙의 고백을 담아 다음과 같은 찬송시를 썼습니다.

무엇이 나를 기다리는지 알 수 없음은
하나님이 자비롭게 나의 눈을 가리셨음이라

나는 계속 모르리니,
알 수 있더라도 알지 않으리라
홀로 빛 가운데 가기보다
하나님과 더불어 어둠을 걸으리라
보면서 홀로 가기보다
그분과 함께 믿음으로 걸으리라[70]

영적 분별을 하는 모든 과정 속에서, 우리는 하나님께서 우리의 삶을 책임지시고 다스리고 계시다는 사실을 겸손히 인정하면서 그분을 의지해야 합니다. 우리는 영적 분별의 과정을 이어갈 뿐, 그 분별을 완성하시는 분은 하나님이십니다.

닫는 글

영적 분별에 실패했을 때

만일 최선을 다해 영적 분별을 했음에도 결과적으로 실패한다면 어떻게 해야 할까요? 영적 분별의 규칙을 집대성한 이냐시오조차 분별을 한다고 했는데 잘못된 결정을 내린 적이 있었습니다. 그때 그는 다음과 같은 고백을 남겼습니다.

> 하나님, 많은 고뇌와 갈등 속에서
> 성경의 기준과 여러 영적 원리에 근거하여
> 하나님의 뜻을 선택한다고 했지만
> 오랜 세월이 지나고 보니
> 그것은 하나님의 뜻이 아니었던 것 같습니다.

분명 하나님의 뜻이라고 확신하고 선택했는데
지나고 보니 아닌 것 같습니다.

그러나 하나님은 아십니다.
제가 하나님의 뜻을 선택하기 원했다는 것을요.
제가 하나님을 사랑하고
하나님을 기쁘시게 해드리려고
하나님의 뜻을 구하고
그 뜻에 복종하려고 했다는 것을
하나님은 아십니다.

그리고 저는 믿습니다.
하나님께서 저의 어리석은 판단과 결정까지도 사용하셔서
결국에는 하나님의 뜻 가운데로 인도하시리라는 것을요.
저는 그러한 하나님을 신뢰합니다.

영적 분별에서 중요한 것은 분별이 성공했는가가 아니라, 그 분별의 동기가 하나님을 사랑했기 때문인가 하는 점입니다. 그래서 하나님을 사랑하는 사람일수록 영적 분별을 더 잘할 수 있고, 하나님을 향한 사랑이 자라날수록 영적 분별 또한 더욱

깊어집니다. 설사 영적 분별을 잘못했다 할지라도, 이냐시오가 말했듯이 하나님을 사랑하는 마음으로 분별했다면 하나님께서는 우리의 잘못된 분별마저 사용하셔서 결국 우리를 하나님의 뜻 가운데로 인도하실 것입니다.

요나는 니느웨에 가서 복음을 전하라는 하나님의 뜻을 싫어했습니다. 하나님께서는 요나를 설득하기 위해 여러 일을 행하십니다. 큰 바람을 보내시고, 큰 물고기를 준비하시고, 박넝쿨을 자라게 하시고, 벌레를 보내시고, 뜨거운 동풍까지 보내셨습니다. 마치 하나님께서 아동부 전도사님처럼 요나를 세심하게 가르치고 이끄시는 듯합니다. 저는 신학적 상상력을 더해, 요나가 나중에 회심한 후 이렇게 고백하지 않았을까 생각해 봅니다.

"하나님, 당신은 누구십니까? 당신은 누구시길래 이렇게 보잘것 없고, 교만하고, 어리석고, 고집 센 인간을 이해시키고 설득하시려고 이토록 애를 쓰십니까? 그냥 당신 뜻대로 하셔도 될 텐데요. 저는 여전히 하나님의 뜻이 싫습니다. 그러나 저를 이해시키고 설득하시려 애쓰시는 하나님은 참 좋습니다. 하나님, 당신을 사랑합니다."

요나는 자신을 포기하지 않고 인내로 설득하신 하나님을 사랑하게 되었고, 결국 하나님의 뜻도 사랑하게 되지 않았을까요?[71]

반대로 하나님을 향한 사랑이 결여된 분별이야말로 위험한 것이 아닐까요? 하나님을 사랑하지 않으면서 행한 영적 분별은 결국 하나님을 '이용하는 일'이 될 수 있기 때문입니다. 영적 분별의 동기도 하나님 사랑이며, 영적 분별의 목적 또한 하나님 사랑입니다. 그러므로 하나님을 향한 우리의 사랑을 더욱 키워 나간다면 어떤 미혹도 분별하며 승리하게 될 것입니다.

영적 분별을 위한 10가지 지침

1. 영적 분별은 하나님과의 관계가 좋을 때 더욱 잘할 수 있습니다. 그러므로 예배와 말씀과 기도를 통해 하나님과의 좋은 관계를 유지하십시오.

2. 중요한 선택을 앞두고 있을 때, 인생의 마지막 순간이라고 상상해 보십시오. 죽음을 맞이하는 순간에도 지금과 동일한 선택을 할 것인지 스스로에게 물어보십시오.

3. 마지막 날에 하나님의 심판대 앞에 선 나 자신의 모습을 떠올려 보십시오. 그 앞에서 어떤 선택을 해야 후회가 없을지 상상하며 분별해 보십시오.

4. 영적으로 좋지 않은 상태에서는 중요한 결정을 내리지 않도록 하십시오. 이것 하나만 지켜도 인생의 불행한 일 중 90퍼센트는 피할 수 있습니다. 마음이 낙심될 때는 차라리 따뜻한 물로 목욕하고 일찍 잠자리에 드십시오. 다음 날 새벽예배를 드리고, 몸과 마음과 영혼이 좋은 상태가 될 때를 기다렸다가 선택하십시오.

5. 어렵고 힘들어 성경 읽기와 기도가 싫어질 때는 정반대로 하십시오(*agera contra*). 오히려 성경 통독을 시작하고, 기도 시간을 두 배로 늘리며, 수련회에 참석하십시오. 그러면 사탄의 계략은 실패로 돌아가고, 고난의 시기를 잘 보내게 될 것입니다.

6. 현재 받아 누리는 위안이 당신을 좋음에서 더 나음(good-to-better)으로 이끄는지, 나쁨에서 더 좋지 않음(bad-to-worse) 이끄는지 살펴보십시오. 후자라면 그것은 사탄이 주는 위안일 수 있으니 의심하고 검토하십시오.

7. 아무리 어렵고 힘든 시기라도 하나님께서 나에게 이길 힘을 남겨 두셨음을 기억하십시오. 포기하지 말고 인내하십시오.

8. A라는 방법도 하나님께 영광을 돌릴 수 있고, B라는 방법도 하나님께 영광을 돌릴 수 있다면, 내 입장에서 만족하지 말고, 하나님께서 바라시는 바에 마음을 열어 놓고 '더욱더'의 원리를 추구하십시오.

9. 나의 영적 분별 안에 하나님을 향한 사랑이 있는지 검토하십시오. 하나님 사랑이 없는 분별은 단지 하나님을 이용하여 나의 유익을 구하는 것에 불과합니다. 그것은 참된 영적 분별이 될 수 없습니다. 하나님을 향한 사랑이 영적 분별의 동기와 목표가 되게 하십시오.

10. 분별의 결과가 만족스럽지 않더라도, 하나님께 더 큰 영광을 돌리려는 마음으로 분별의 과정을 거쳤다면 그 결과를 겸손히 받아들이십시오. 영적 분별은 어느 순간 완성되는 '결과'가 아니라 끊임없이 수정하면서 성숙해 가는 '과정'이며 '삶' 자체입니다.

『밀 밭의 가라지』 토머스 그린, 도서출판 로뎀

이냐시오의 《영신수련》을 현대적 관점에서 깊이 있고 세밀하게 해설한 책입니다. 제목 그대로 '밀'과 '가라지'를 어떻게 구분하여 선택할 수 있는지에 대한 분별의 지혜를 탁월하고도 풍요롭게 제시합니다. 토머스 그린의 삼부작 중 한 권으로, 나머지 두 권인 《마음을 열어 세계로》, 《샘이 마를 때》와 함께 읽는다면 영적 분별뿐만 아니라 기도와 영적 성장에 관한 체계적인 지식을 얻게 될 것입니다.

『신앙감정론』 조나단 에드워즈, 부흥과개혁사

조나단 에드워즈의 대표작 중 하나로, 참된 신앙 감정의 열두 가지 표지를 상세히 해설하며 영적 분별의 기본 원리를 안내합니다. 책의 분량이 부담이 된다면 '복있는 사람'에서 출간한 〈우리 세대를 위한 조나단 에드워즈〉 시리즈 중 『신앙 감정론』을 참고해도 좋습니다.

『하나님의 음성』 달라스 윌라드, IVP

하나님의 음성을 듣는 문제는 간단한 설명으로 해결되지 않고 오히려 더 많은 질문을 불러일으키므로, 이 주제를 깊이 탐구하고자 할 때 읽어 보시길 권합니다. 이 책은 영적 분별을 '하나님의 음성을 듣는 법'의 관점으로 접근한 안내서로, 8장에서 본격적으로 '하나님의 음성을 듣는 법'을 다룹니다. 그렇더라도 1-7장을 차분히 정독한다면 영적 분별 과정에서 흔히 겪게 되는 시행착오를 예방할 수 있습니다.

『스크루테이프의 편지』 C. S. 루이스, 홍성사

영국의 명문 옥스퍼드와 캠브리지의 영문학 교수였던 C. S. 루이스가 탁월한 문학적 상상력으로 풀어낸 영적 분별에 관한 책입니다. 경험 많고 노회한 고참 악마 스크루테이프가 자신의 조카이자 젊은 악마인 웜우드에게 인간을 유혹하는 기술을 조언하는 편지 형식의 글이지만, 실제로는 인간의 실존과 신앙의 본질을 날카롭게 통찰합니다. 더 나아가 하나님이 어떤 분이신지를 더 깊이 깨닫게 하는 놀라운 작품입니다.

『영적 분별의 길』 엘리자베스 리버트, 좋은씨앗

영성 전공자들이 교재로 사용할 만큼 영적 분별을 체계적이고 깊이 있게 다룬 책입니다. 1부에서는 영적 분별의 기초를 다루고, 2부에서는 이성, 상상력, 정서, 몸, 기억 등 인간의 다양한 차원을 활용한 영적 분별의 방식을 다룹니다. 각 장마다 실습이 포함되어 있어 실제 적용에 큰 도움이 됩니다.

『인스턴트 크리스천』 A. W. 토저, 은성

A. W. 토저의 뛰어난 영적 통찰들을 모아 놓은 책입니다. 특히 45장 '영들을 시험하는 방법'은 영적 분별의 본질을 이해하고 실제적인 지혜를 얻는 데 매우 유익한 내용을 담고 있습니다.

『주기도문 강해』 김세윤, 두란노

주기도문의 각 구절을 신학적이고 목회적인 관점에서 해설한 책으로, 특히 "시험에 들게 마시고 악에서 구하옵소서" 부분은 영적 분별의 신학적 기초와 성경적 세계관을 형성하는 데 큰 도움을 줍니다.

『사막의 안토니우스』 아타나시우스, 분도출판사

사막 교부들에게 사막은 예수님의 위로와 능력을 얻는 장소이자 동시에 마귀의 본거지였습니다. 안토니우스가 사막으로 들어간 것은 세상으로부터 도피하기 위함이 아니라, 마귀의 본거지로 들어가 그곳에서 하나님의 도시 건설을 위한 투쟁을 벌이기 위함이었습니다. 그의 생애 곳곳에서 드러나는 치열했던 영적 분별의 사연들은 오늘날 우리에게도 깊은 통찰과 신선한 도전을 제공합니다.

참고 문헌

국내서적 및 번역서

1. 김세윤, 『구원이란 무엇인가』 두란노, 2001.
2. 김세윤, 『주기도문 강해』 두란노, 2000.
3. 달라스 윌라드, 『하나님의 음성』 윤종석 역, IVP.
4. 데이빗 L. 플래밍, 『당신 벗으로 삼아 주소서: 영신수련의 현대적 해석』 김용운·손어진·정제천 공역, 이냐시오영성연구소, 2008.
5. 로욜라의 성 이냐시오, 『로욜라의 성 이냐시오 자서전』 예수회 관구 역, 이냐시오영성연구소, 2016.
6. 로욜라의 성 이냐시오, 『영신수련』 이냐시오영성연구소.

7. 루이 부이에, 『영성생활 입문』 가톨릭출판사, 1992.
8. 룩 티모시 존슨, 『공동소유』 박예일 역, 대장간.
9. 마누엘 루이스 후라도, 『영적식별』 가톨릭대학교출판부, 2010.
10. 마이클 케이시, 『거룩한 책읽기』 성서와 함께, 2007.
11. 브라이언 맥클라렌, 『다시 길을 찾다』 IVP, 2009.
12. 사이몬 찬, 『영성신학』 김병오 역, IVP.
13. 아타나시우스, 『사막의 안토니우스(안토니우스의 생애)』 허성석 역, 분도출판사, 2018.
14. 엘리자베스 리버트, 『영적 분별의 길』 이강학 역, 좋은씨앗, 2011.
15. 요한 클리마쿠스, 『거룩한 등정의 사다리』 은성, 2013.
16. 유해룡, 『하나님 체험과 영성수련』 장로회신학대학교출판부, 1999.
17. 윤주현, 『영성, 하느님을 바라보다』 가톨릭출판사, 2020.
18. 이주형, 『오늘부터 시작하는 영성훈련』 두란노, 2017.
19. 정민, 『어른의 품격은 고전에서 나온다』 김영사, 2025.
20. 정재상, 『기도를 살다』 좋은씨앗, 2025.
21. 조나단 에드워즈, 『신앙감정론』 정성욱 역, 부흥과개혁사.
(참고: IVP, 복있는사람 판본 존재)

22. 토머스 그린, 『밀 밭의 가라지』 도서출판 로뎀.
23. 프레드 크릭스, 『기도에 대한 다섯 가지 응답』 김진우 역, IVP.
24. 필립 쉘드레이크, 『미래로 열린 영성의 역사』 한국장로교출판사, 2020.
25. A. W. 토저, 『인스턴트 크리스천』 엄성옥 역, 은성, 1992.
26. C. S. 루이스, 『스크루테이프의 편지』 김선형 역, 홍성사, 2000

국외서적

1. Buckley, Michael. "The Structure of the Rules for Discernment of Spirit,"
2. The Way Supplement 20 (1973).
3. Edwards, Jonathan. *The Religious Affections*. Carlisle, Pennsylvania: The Banner of Truth Trust, 1986.
4. Egan, Harvey D. *The Spiritual Exercises and the Ignatius Mystical Horizon*. St. Louis: The Institute of Jesuit Sources, 1976.
5. Ivens, Michael. *Understanding the Spiritual Exercises*.

Trowbridge, Wiltshire: Gracewing, 1998.

6. Lonsdale, David. *Listening to the Music of the Spirit: The Art of Discernment*. Notre Dame, IN: Ave Maria Press, 1993.
7. Moore, Robert L. *Carl Jung and Christian Spirituality*. New York: Paulist Press, 1988.
8. Sheldrake, Philip. *Befriending Our Desires*. Notre Dame, IN: Ave Maria Press, 1994.
9. Toner, Jules J. *A Commentary on St. Ignatius Rules for the Discernment of Spirits*. St. Louis: Institute of Jesuit Sources, 1982.

논문 및 기사

1. 박병관, "이냐시오 데 로욜라의 사도적인 영성의 기원에 있어 토마스 아켐피스의 『그리스도를 본받아』의 역할", 「종교연구」 61, 2010.
2. 유경진, "무속인 시절 손님 40%가 기독교인… 사모·권사도 찾아와", 국민일보, 2025년 1월 20일 자.
3. 유해룡, "영적성숙의 과정으로서의 영적 분별".

4. 이강학, "조나단 에드워즈의 영적 분별: 『구별하는 표지』와 『종교적 정서론』을 중심으로", 「햇불트리니티 저널」 17, 2014.
5. 임건순, "한국인, 계란 비유하면 흰자는 유교, 노른자는 무속", 중앙일보, 2024년 12월 30일 자.
6. 정푸름, "이혼 결정 전 상담에서의 분별의 영성: 자기 자신이 되어 가는 여정", 「신학과 실천」 63, 2019.
7. 최승기, "『안토니우스의 생애』에 나타난 안토니우스의 영들의 분별: 영적 성숙의 동선을 따라", 「신학과 실천」 71, 2020.

미주

여는 글

1. 동양 철학자 임건순은 한국인의 삶을 계란으로 비유하면서, 흰자는 유교이고 노른자는 무속이라고 했다. 그는 이러한 구조 속에서 정신적인 가치의 빈곤이 샤머니즘 회귀로 이어졌다고 진단했다. 임건순 "한국인, 계란 비유하면 흰자는 유교, 노른자는 무속", 중앙일보, 2024, 12.30.
2. 유경진 기자, "무속인 시절 손님 40퍼센트가 기독교인… 사모·권사도 찾아와", 국민일보, 2025년 1월 20일 기사.
3. 김세윤, 『구원이란 무엇인가』 (두란노, 2001), p.85-87.
4. 룩 존슨, 박예일 역, 『공동소유』 대장간, p.121.

1장

5. 유해룡, 『하나님 체험과 영성수련』 (장로회신학대학교출판부, 1999), pp.233-234.
6. David Lonsdale, *Listening to the Music of the Spirit: The Art of Discernment* (Notre Dame, IN: Ave Maria Press, 1993), p.47.

7. 엘리자베스 리버트, 이강학 역, 『영적 분별의 길』 (좋은씨앗, 2011), p.46.

8. 이냐시오는 하나님과 선한 영을 구분하고 선한 영을 천사들로 본다. 그러나 이는 중세신학의 분위기에서 도출된 것이며, 현대에는 이 둘을 구분하지 않는다. 따라서 본문에 등장하는 선한 영은 하나님과 성령을 의미한다. 악한 영은 하나님을 대적하는 사탄을 뜻한다. 유해룡, 『하나님 체험과 영성수련』 (장로회신학대학출판부, 1999), P.257.

9. 정푸름, "이혼 결정 전 상담에서의 분별의 영성: 자기 자신이 되어 가는 여정," 「신학과 실천」 63(2019), p.226.

10. 이강학, 조나단 에드워즈의 영적 분별: 『구별하는 표지』와 『종교적 정서론』을 중심으로, 「횃불트리니티 저널」 17(2014), p.46.

11. 로욜라의 성 이냐시오, 『영신수련』 (도서출판 이냐시오 영성연구소). 나는 기독교 전통을 종교개혁 이후뿐만 아니라 그 이전의 구약, 신약 시대로부터 초대 교회와 중세를 거쳐 현대에 이르기까지 면면히 내려오는 유서 깊은 전통으로 보는 시각을 취한다. 이냐시오는 종교개혁이 시작되던 무렵 로마 가톨릭 교회라는 배경에서 영신수련을 썼지만, 영신수련은 종교개혁 이전에 쓰여진 토마스 아켐피스(1380-1471)의 『그리스도를 본받아』의 깊은 영향을 받았다. 박병관, "이냐시오 데 로욜라의 사도적인 영성의 기원에 있어 토마스 아켐피스의 『그리스도를 본받아』의 역할", 「종교연구」 61(2010), pp.223-253.

12. 마누엘 루이스 후라도 S. J., 『영적식별』 (가톨릭대학교출판부, 2010), p.103.

13. 마누엘 루이스 후라도 S. J., 『영적식별』 p.107.

14. 요한 클리마쿠스, 『거룩한 등정의 사다리』 (은성, 2013).

15. 로욜라의 성 이냐시오 『영신수련』 (도서출판 이냐시오 영성연구소).

16. 이주형, 『오늘부터 시작하는 영성훈련』 (두란노, 2017), p.241.

17. 예수회 관구 옮김, 『로욜라의 성 이냐시오 자서전』 도서출판 이냐시오영성연구소, 2016), p.12.

18. 김세윤, 『주기도문 강해』 (두란노, 2000), p.188-189.

19. 영신수련 [175]-[177].

20. 영신수련 [185] 규칙 2.

21. 영신수련 [186] 규칙 3.

22. 영신수련 [187] 규칙 4.

2장

23. 영신수련, pp.130-131.

24. 영신수련 [313].

25. 영신수련 [314].

26. 사이몬 찬은 우리가 하나님과 올바른 관계에 있지 않다면, 그럴 경우에는 차리리 고통스러워야 소망이 있다고 한다. 아무리 좋은 상태에 있거나 은혜를 받았다고 해도 믿음과 소망과 사랑을 증진시키지 않는 충동이라면 그것이 하나님께로부터 온 것인지 의심해 보아야 한다. 사이몬 찬, 김병오 역, 「영성신학」 IVP, p.292.

27. 영신수련 [315].

28. 영신수련 [314].

29. 마이클 케이시, 『거룩한 책읽기』 (성서와 함께, 2007), p.77.

30. A. W. 토저, 『인스턴트 크리스천』 (은성, 1992), pp.219-234.

3장

31. Robert L. Moore, 『Carl Jung and Christian Spirituality』 New York: Paulist Press,1988, pp.73-74.

32. Robert L. Moore, 위의 책, p.80.

33. Jonathan Edwards, *The Religious Affections* (Carlistle, Pennsylvania: The Banner of Truth Trust, 1986), p.23.

34. 영신수련 [316]-[317].

35. 영적 황량은 영적 고독으로 번역되기도 한다. 그러나 기독교 영성에서 고독(solitude)은 외로움(loneliness)과는 달리 하나님과의 긴밀한 관계를 의미하는

긍정적 개념으로 사용할 때가 많다. 따라서 나는 영적 고독이 아닌 영적 황량으로 번역하여 사용했다.

36. 영신수련 [317] 규칙 4.

37. 영신수련 [318] 규칙 5.

38. 영신수련 [319] 규칙 6.

39. 영신수련 [321] 규칙 8.

40. 영신수련 [321] 규칙 8.39. 안토니우스가 마귀들에게 공격을 받았을 때 그에게 마귀의 공격보다 더 중요한 것은 하나님께 버림 받은 것 같은 느낌이었다. 그는 영적 투쟁을 계속했고, 하나님께서는 마귀들을 사라지게 하시고 그의 몸에서 고통을 제거하셨지만, 안토니우스는 하나님의 부재 체험에 대해 기도로 물었다. "하나님, 어디 계셨습니까? 왜 처음부터 나타나지 않으셨습니까?" 그러자 주님은 응답하셨다. "안토니우스, 나는 너와 함께 있었다. 그러나 네가 싸우는 모습을 보고자 잠시 기다렸을 뿐이다." 아타나시우스, 허성석 역, 『안토니우스의 생애』 10.2-3. (왜관: 분도출판사, 2018). 안토니우스는 하나님이 계시지 않은 것 같은 순간에도 하나님이 함께 하신다는 것을 신뢰하고 기억하는 것의 중요성을 가르친다. 최승기, 『안토니우스의 생애』에 나타난 안토니우스의 영들의 분별: 영적 성숙의 동선을 따라, 신학과 실천(2020, 71), p.271.

41. 영신수련 [325] 규칙 12.

42. 영신수련 [326] 규칙 13.

43. 존 카시안은 영적 분별에 있어 겸손의 미덕을 강조한다. 다른 사람들 앞에서 자신의 결점을 겸손히 고백하는 것은 사탄에게 기만 당할 수 있는 은폐된 죄악을 다루는 확실한 방법이다. "사악한 생각은 공개적으로 개방될 때 그 위험성이 드러나고, 어두운 지하에서 빛으로 끌려나온 가장 불결한 뱀은 공개적인 고백이 이루어졌다는 사실만으로도 판결이 내려지기 전에 수치와 모욕을 받아 퇴각한다"(2.10). 동시에 카시안은 아무에게나 무분별한 고백을 해서는 안된다는 점을 균형있게 권고한다. 사이몬 찬, 김병오 역, 『영성신학』 IVP, p.293-294.

44. 영신수련 [327] 규칙 14.

45. 『스크루테이프의 편지』는 노회한 악마 스크루테이프가 자신의 조카이자 젊은 악마인 웜우드에게 인간을 유혹하는 기술을 조언하는 편지 형식의 글로, 영문학 교수였던 저자 루이스가 그의 탁월한 상상력과 특유의 문학적 필치로 그려낸 작품이다. 그러나 이 책을 자세히 읽어 보면 악마가 아니라 하나님께서 어떤 분이신지 더욱 잘 알게 된다.

46. C. S. 루이스, 『스크루테이프의 편지』 (홍성사, 2000), pp.53-56.

4장

47. 영적 성장과 영적 성숙의 의미를 구별하자면 영적 성장은 하나님과의 관계 안에서 점진적으로 변화를 겪고 발전하는 '과정'에 초점을 둔다. 영적 성숙은 영적 성장의 결과로 나타나는 성숙한 '상태'를 의미한다. 이 책에서는 영적 발전의 과정을 강조할 때는 영적 성장을 사용하고 영적 성장 끝에 다다른 완성도를 의미할 때는 영적 성숙이라는 개념을 사용했다.

48. 그리스도인은 영적으로 성숙하면서 정화의 단계에서 자신의 죄를 깨닫고 참회한다. 그러나 아직은 주님의 뜻에 따르기보다는 자신의 욕망대로 살고자 하는 경향이 보이며, 조명과 일치의 시기보다는 죄의 유혹에 자주 빠진다. 정화의 시기에는 하나님을 향한 열망을 키워야 할 때이다. 조명의 단계는 인간의 한계에서 신적 깨달음의 빛을 비추임 받는 시기로 자기 중심성에서 벗어나 하나님 중심으로 의식이 고양된다. 죄의 유혹에 대항할 수 있고, 다양한 기도 방법으로 주님과의 관계가 성장한다. 연합의 시기에 우리의 영혼은 한결같이 하나님을 향한다. 조명의 시기에 기도는 인간의 이성과 상상이 주된 기능이라면, 연합의 시기에 기도는 하나님과 사랑으로 교감한다. 조명의 시기에서 향주삼덕(向主三德)과 사추덕(四樞德)이 노를 저어 항해하는 것이라면, 연합의 단계에서 맛보는 성령칠은(聖靈七恩)은 돛을 달고 바람의 힘으로 항해하는 것과 같이 적은 인간의 노력과 크신 하나님의 은혜로 하나님께 다다른다. 윤주현, 『영성, 하느님을 바라보다』 (가톨릭출판사, 2020), pp.156-203. 브라이언 맥클라렌은 조직신학적인 용어로 정화를 칭의(구원과 거듭남의 과정), 조명을 성화(거룩해지는 과정), 연합

을 성령충만으로 표현한다. 브라이언 맥클라렌, 『다시 길을 찾다』 (IVP, 2009), 18장 미주 1번, p.251.

49. Michals Ivens, *Understanding the Spiritual Exercises* (Trowbridge, Wiltshire: Gracewing, 1998), p.211.

50. 윤주헌, 『영성, 하느님을 바라보다』 (가톨릭출판사, 2020), pp.156-207.

51. Jules J. Toner, *A Commentary on St. Ignatius Rules for the Discernment of Spirits* (St.Louis: Institute of Jesuit Source, 1982), p.21.

52. Michael Buckley, "The Structure of the Rules for Discernment of Spirit,"The way Supplement 20 (1973). p.28.

53. 루이 부이에, 『영성생활 입문』 (가톨릭출판사, 1992), p.334.

54. 필립 쉘드레이크, 『미래로 열린 영성의 역사』 (한국장로교출판사, 2020), p.76.

55. 영신수련 [316] 규칙 3. 영신수련 현대적 해석 『당신 벗으로 삼아 주소서』 데이빗 L. 플래밍 S. J. 김용운, 손어진, 정제천 공역, (이냐시오 영성연구소, 2008), p.40.

56. 영신수련 [330].

57. 영신수련 [331].

58. 영신수련 [333].

59. 하나님께서 아브라함을 아브람에서 아브라함으로 개명해 주신 것은 창세기 17장 시점부터이다.

60. 동양의 고전 중 성대중의 〈질언〉에도 비슷한 교훈이 있다. "지극히 잘 다스려진 뒤에는 반드시 큰 혼란이 있다. 큰 풍년 뒤에 반드시 심한 흉년이 든다. 그런 까닭에 음식은 너무 기름진 것을 찾지 말고 복은 지나치게 무거운 것을 택하지 말라." 至治之餘, 必有甚亂, 大豐之後, 必有過歉。故求食毋腴, 擇福毋重。정민, 「어른의 품격은 고전에서 나온다」 (김영사, 2025), p.83.

61. Philip Sheldrake, *Befriending Our Desires* (Notre Dame, IN: Ave Maria Press, 1994), p.14.

62. 선한 영과 악한 영은 이냐시오의 〈영신수련〉의 한국어 번역을 그대로 따랐다.

이냐시오는 〈영신수련〉(315-318)에서 성령 대신 천사(good angels)나 선한 영(good spirits)을 자주 사용한다. 그는 중세 교회에서 믿었던 대로 하나님은 우리와 개인적인 접촉을 하고자 하실 때 선한 천사를 통해 자기의 뜻을 전달하신다고 믿었다. 이냐시오가 사용하는 선한 천사 혹은 선신이라는 표현은 성령으로 이해해도 좋다. Harvy D. Egan, *The Spiritual Exercise and the Ignatius Mystical Horizon*(St.Louis: The Institute of Jesuit Spurce, 1976), pp.120-122.

63. 영적 분별에 있어 이성을 사용하는 것은 매우 중요하다. 사탄은 인간의 이성이 깨어나는 것을 달가워하지 않기 때문이다. C. S. 루이스, 김선형 역, 『스크루테이프의 편지』(홍성사, 2000), p.p15-20.

64. 안토니우스는 마귀가 흑인 소년의 모습으로 다가오자 담대하게 그 정체와 기원을 물음으로 승리한다. 이후 그는 수도사들에게 환영이 나타날 때마다 그것의 정체가 무엇인지 용감하게 묻도록 권면한다. "너는 누구이고 어디에서 왔느냐?" 아타나시우스, 허성석역, 『안토니우스의 생애』 43.1. (왜관: 분도출판사, 2018).

65. 사이몬 찬, 김병오 역, 『영성신학』 IVP, p.287.

66. 영신수련 (91-98)의 "그리스도와 왕국 관상"이 좋은 예이다. 유해룡, "영적성숙의 과정으로서의 영적 분별", p.290.

67. 영신수련 [23] 원리와 기초, 엘리자베스 리버트, 이강학역, 『영적 분별의 길』(좋은씨앗, 2011), P.100.

68. 영신수련 [23] 원리와 기초.

69. 유해룡, "영적 성숙의 과정으로서의 영적 분별", p.297.

70. 프레드 크릭스, 김진우역, 『기도에 대한 다섯 가지 응답』 IVP, p.133.

71. 정재상, 『기도를 살다』 좋은씨앗, pp.158-159.

영적 분별을 살다

초판 1쇄 발행 / 2025년 12월 27일

지은이 / 정재상
펴낸이 / 신은철
펴낸곳 / 좋은씨앗
출판등록 / 제4-385호(1999. 12. 21)
주소 / 서울시 서초구 바우뫼로 156(MJ 빌딩), 402호
주문전화 / (02)2057-3041 주문팩스 / (02)2057-3042

www.facebook.com/goodseedbook

ISBN 978-89-5874-429-0 04230